🌻🌷 本書の特色と使い方 🌷🌻

教科書の内容を各児童の学習進度にあわせて使用できます

教科書の内容に沿って作成していますので，各学年で学習する単元や内容を身につけることができます。

学年や学校の学習進度に関係なく，各児童の学習進度にあわせてご使用ください。

基本的な内容をゆっくりていねいに学べます

算数が苦手な児童でも，無理なく，最後までやりとげられるよう，問題数を少なくしています。

また，児童が自分で問題を解いていくときの支援になるよう，問題を解くヒントや見本をのせています。

うすい文字は，なぞって練習してください。

問題数が多い場合は，1 シートの半分ずつを使用するなど，各児童にあわせてご使用ください。

本書をコピー・印刷してくりかえし練習できます

学校の先生方は，学校でコピーや印刷をして使えます。

各児童にあわせて，必要な個所は，拡大コピーするなどしてご使用ください。

「解答例」を参考に指導することができます

本書 p90 ～「解答例」を掲載しております。まず，指導される方が問題を解き，本書の解答例も参考に解答を作成してください。

児童の多様な解き方や考え方に沿って答え合わせをお願いいたします。

目　次

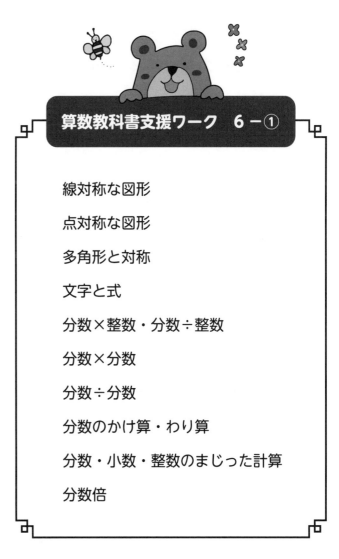

算数教科書支援ワーク　6－①

線対称な図形

点対称な図形

多角形と対称

文字と式

分数×整数・分数÷整数

分数×分数

分数÷分数

分数のかけ算・わり算

分数・小数・整数のまじった計算

分数倍

比とその利用 (1)

● さくらさん，けんたさん，あかりさんの3人が
ミルクとコーヒーでミルクコーヒーを作りました。
ミルクとコーヒーの量の割合を比で表しましょう。

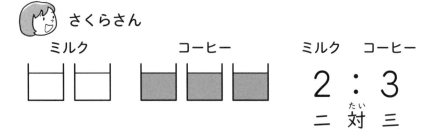

さくらさん

ミルク　コーヒー　　ミルク　コーヒー

2 : 3

二　対　三

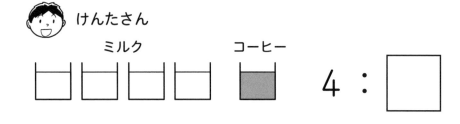

けんたさん

ミルク　コーヒー

4 : ☐

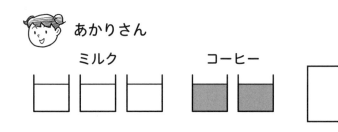

あかりさん

ミルク　コーヒー

☐ : ☐

● 次の2つの数や量の割合を比で表しましょう。

① 公園に子どもが20人，大人が8人います。

子どもと大人の人数の割合は

子ども　大人

☐ : ☐

② サラダ油35mL と酢20mL を混ぜて
ドレッシングを作ります。

サラダ油と酢の量の割合は

サラダ油　酢

☐ : ☐

③ 赤の絵の具4g と，黄の絵の具3g を混ぜて
オレンジ色を作ります。

赤と黄の絵の具の量の割合は

赤　黄

☐ : ☐

比とその利用 (2)

● 次の比の値を求めましょう。

> a：b の比の値は a ÷ b で求められます。

① 3：4 ➡ 3 ÷ 4 = $\frac{3}{4}$

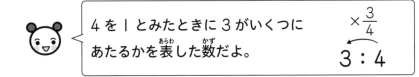

4 を 1 とみたときに 3 がいくつに
あたるかを表した数だよ。

$\times \frac{3}{4}$

3：4

② 8：7 ➡ 8 ÷ 7 = □/□

③ 2：5 ➡ □ ÷ □ = □/□

● 次の比の値を求めましょう。

① 9：6 ➡ 9 ÷ 6 = $\frac{9}{6}$

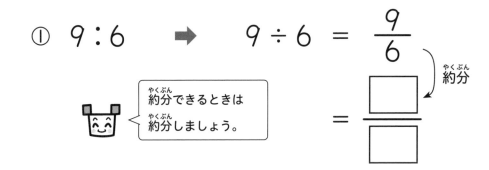

約分できるときは
約分しましょう。

= □/□ 約分

② 12：15 ➡ 12 ÷ 15 = □/□

= □/□ 約分

③ 10：2 ➡ □ ÷ □ = □/□

= □ 約分

5

比とその利用 (3)

● 次の 2 つの比が等しいかどうか，比の値を求めて
調べましょう。

9：12　と　3：4

9：12 → □ ÷ □ = □/□ 約分

= □/□

3：4 → □ ÷ □ = □/□

2 つの比の値が等しいとき，
「2 つの比は等しい」というよ。

$$9：12　＝　3：4$$

● 次の 2 つの比が等しいかどうか，比の値を求めて
調べましょう。

8：6　と　28：21

8：6 → □ ÷ □ = □/□ 約分

= □/□

28：21 → □ ÷ □ = □/□ 約分

= □/□

2 つの比が等しければ，
□ に ＝ をかこう。

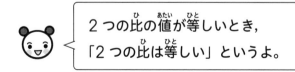

8：6　□　28：21

6

比とその利用（4）

<table>
<tr><td></td><td>月</td><td>日</td><td>名 前</td></tr>
</table>

● 比の両方の数に同じ数をかけて，等しい比をつくりましょう。

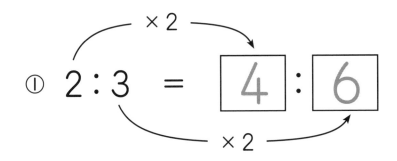

① $2 : 3 = \boxed{4} : \boxed{6}$　（×2, ×2）

④ $3 : 7 = \boxed{} : 21$　（×□, ×3）

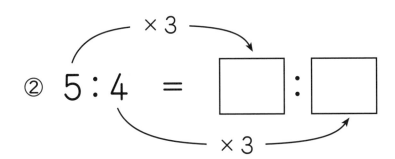

② $5 : 4 = \boxed{} : \boxed{}$　（×3, ×3）

⑤ $9 : 2 = 45 : \boxed{}$　（×5, ×□）

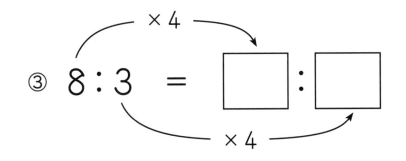

③ $8 : 3 = \boxed{} : \boxed{}$　（×4, ×4）

比の両方の数に同じ数をかけてできる比は，すべてもとの比に等しくなるよ。

比とその利用 (5)

● 比の両方の数を同じ数でわって，等しい比をつくりましょう。

① $6:9 = \boxed{} : \boxed{}$
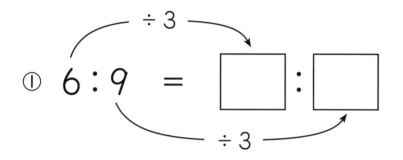
(÷3, ÷3)

④ $14:6 = 7 : \boxed{}$
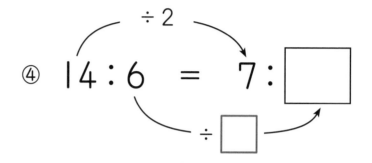
(÷2, ÷□)

② $24:6 = \boxed{} : \boxed{}$
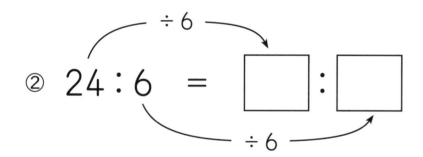
(÷6, ÷6)

⑤ $8:12 = \boxed{} : 3$
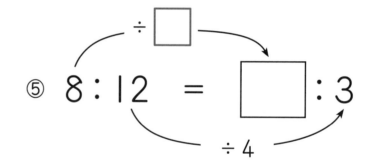
(÷□, ÷4)

③ $10:15 = \boxed{} : \boxed{}$
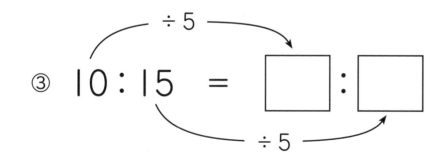
(÷5, ÷5)

比の両方の数を同じ数でわってできる比は，すべてもとの比に等しくなるよ。

8

比とその利用 (6)

● 12：16 と等しい比で，できるだけ小さい整数の比を求めましょう。

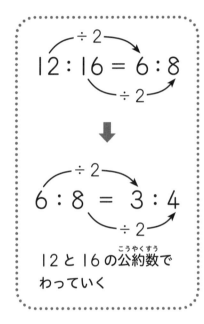

12と16の公約数でわっていく

12と16の最大公約数でわる

$$12：16 = \boxed{} : \boxed{}$$

 比を，それと等しい比で，できるだけ小さい整数の比になおすことを「比を簡単にする」といいます。

● 次の比を簡単にしましょう。

① 30：18 = $\boxed{}$ ： $\boxed{}$

30：18 = $\boxed{}$ ： $\boxed{}$ （÷6）

② 16：24 = $\boxed{}$ ： $\boxed{}$

16：24 = $\boxed{}$ ： $\boxed{}$ （÷8）

③ 12：20 = $\boxed{}$ ： $\boxed{}$

12：20 = $\boxed{}$ ： $\boxed{}$ （÷□）

比とその利用 (7)

● 0.9：1.2 の比を簡単にしましょう。

❶ 10倍して整数の比にする

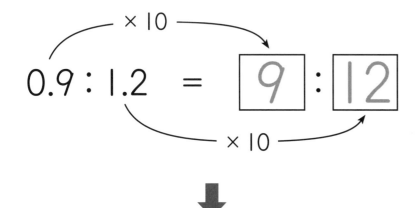

$$0.9：1.2 \quad = \quad \boxed{9}：\boxed{12}$$

×10
×10

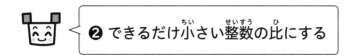

❷ できるだけ小さい整数の比にする

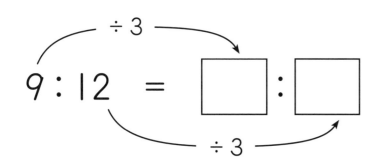

$$9：12 \quad = \quad \boxed{}：\boxed{}$$

÷3
÷3

● 次の比を簡単にしましょう。

① $0.6：0.8 = \boxed{6}：\boxed{8}$ ← 10倍する

$\quad = \boxed{}：\boxed{}$ ← 小さい整数の比にする

② $3.2：2.4 = \boxed{}：\boxed{}$ ← 10倍する

$\quad = \boxed{}：\boxed{}$ ← 小さい整数の比にする

③ $2：0.5 = \boxed{}：\boxed{}$ ← 10倍する

$\quad = \boxed{}：\boxed{}$ ← 小さい整数の比にする

比とその利用（8）

● $\dfrac{3}{4} : \dfrac{2}{3}$ の比を簡単にしましょう。

⑦ 分母の 4 と 3 の公倍数をかける

$$\dfrac{3}{4} : \dfrac{2}{3} = \left(\dfrac{3}{4} \times \boxed{12} : \dfrac{2}{3} \times \boxed{12} \right)$$

$$= \boxed{} : \boxed{}$$

⑦ 通分する

$$\dfrac{3}{4} : \dfrac{2}{3} = \dfrac{9}{12} : \dfrac{8}{12}$$

$$= \boxed{9} : \boxed{}$$

分数も整数の比になおして考えよう。

● 次の比を簡単にしましょう。

① $\dfrac{7}{10} : \dfrac{4}{5} = \boxed{ : }$

$$= \boxed{} : \boxed{}$$

② $\dfrac{5}{6} : \dfrac{4}{9} = \boxed{ : }$

$$= \boxed{} : \boxed{}$$

③ $\dfrac{2}{5} : \dfrac{2}{3} = \boxed{ : }$

$$= \boxed{} : \boxed{}$$

$$= \boxed{} : \boxed{}$$

約分

比とその利用 (9)

> ホットケーキを作るのに，小麦粉と砂糖の重さの比が
> 5 : 3 になるように混ぜます。
> 小麦粉を 200g 使うとき，砂糖は何g 必要ですか。

① 求める数を x として，上の場面を図に表します。
   □ にあてはまる数や文字を書きましょう。

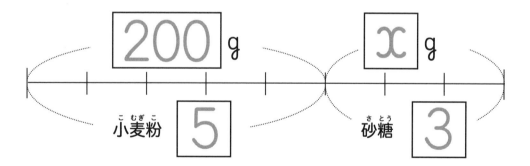

|200| g
小麦粉 |5|
|x| g
砂糖 |3|

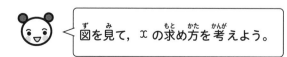

図を見て，x の求め方を考えよう。

② 砂糖の重さを xg として，比の式に
   表して x を求めましょう。

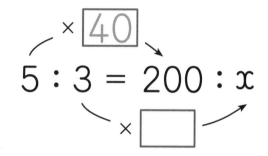

$$5 : 3 = 200 : x$$

$$× \boxed{40}$$

$$× \boxed{}$$

$$x = 3 × 40$$

$$= \boxed{}$$

答え □ g

比とその利用 （10）

たてと横の長さが 4：7 になるように，長方形の形に紙を切ります。

横の長さを 42cm にすると，たての長さは何 cm にすればいいですか。

① 求める数を x として，上の場面を図に表します。
□ にあてはまる数や文字を書きましょう。

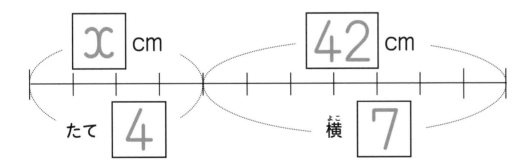

x cm　　42 cm

たて 4　　横 7

比を使って，答えを求めよう。

② たての長さを x cm として，比の式に表して x を求めましょう。

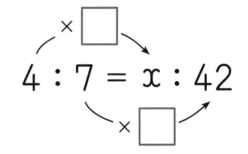

4：7 = x：42

x = 4 × □

= □

答え □ cm

比とその利用 (11)

> 80cm のリボンがあります。みうさんと 妹 の 2人で
> 比が 3：2 になるように分けます。
> みうさんのリボンの長さは何 cm になりますか。

① みうさんのリボンの長さを x として，場面を図に表します。
　　□ にあてはまる数や文字を書きましょう。

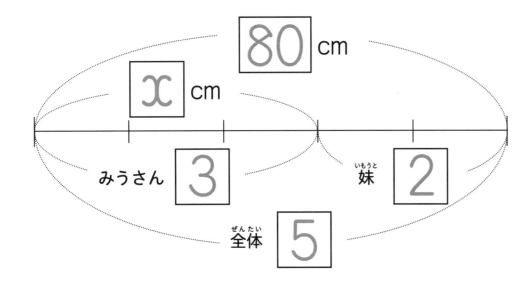

リボン全体は，3＋2＝5 で表せるよ。

② 比の式に表して x を求めましょう。

$$3 : 5 = x : 80$$

×□　×16

$$x = 3 \times \boxed{}$$

$$= \boxed{}$$

答え □ cm

比とその利用 (12)

> 6年2組の児童数は 28 人です。朝，パンを食べた人とごはんを食べた人の比は 4：3 です。それぞれの人数は何人ですか。

① パンを食べた人数を x として，場面を図に表します。
□ にあてはまる数や文字を書きましょう。

```
        ┌────────┐
        │  28    │ 人
        │        │
 ┌──────┐
 │  x   │ 人
 │      │
─┼───┼───┼───┼───┼───┼───┼─
   パン ┌───┐      ごはん ┌───┐
        │ 4 │             │ 3 │
        └───┘             └───┘
          全体 ┌───┐
               │ 7 │
               └───┘
```

② 比の式に表して，パンを食べた人数を求めましょう。

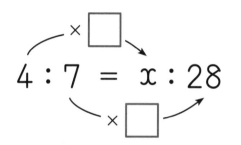

$$4：7 ＝ x：28$$

$$x = 4 × \boxed{}$$

$$= \boxed{} \qquad 答え \boxed{} 人$$

③ ごはんを食べた人数を求めましょう。

式 $28 - \boxed{} = \boxed{}$

答え $\boxed{}$ 人

15

拡大図と縮図 (1)

名前

月　日

● りこさんは，パソコンでねこの写真の大きさを変えてみました。
もとの写真あと，い，う，えの写真を比べましょう。

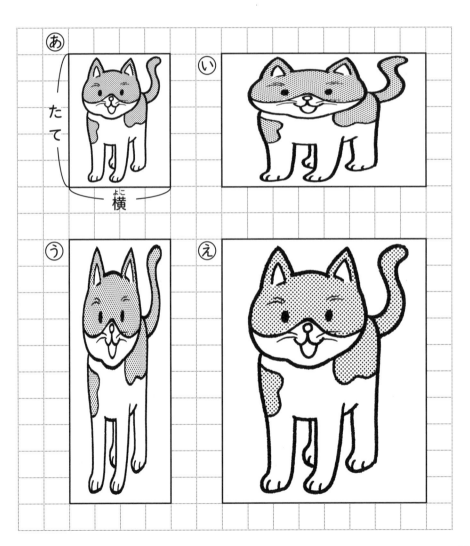

① あのたての長さだけを2倍にのばした形は
い～えのどれですか。

② あの横の長さだけを2倍にのばした形は
い～えのどれですか。

③ 大きさはちがっていても，あと同じ形といえるのは
い～えのどれですか。

えのたての長さは，あのたての長さの 2 倍，
えの横の長さは，あの横の長さの 2 倍

16

拡大図と縮図 (2)

● 下の圀と〇の2つの図形は，大きさはちがっても同じ形です。

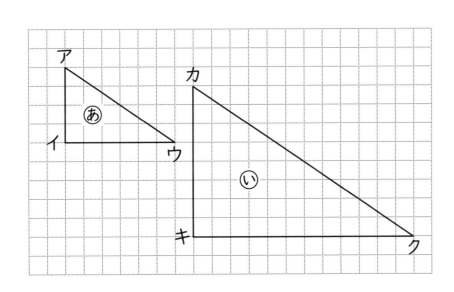

① 対応する辺の長さを簡単な比で表しましょう。

・辺アイ : 辺カキ ＝ 　1　 : 　2　

・辺イウ : 辺キク ＝ 　　 : 　　

・辺ウア : 辺クカ ＝ 　　 : 　　

② 対応する角の大きさを調べて，あてはまる方に○をしましょう。

・角アと角カの大きさは （ 等しい ・ 等しくない ）

・角イと角キの大きさは （ 等しい ・ 等しくない ）

・角ウと角クの大きさは （ 等しい ・ 等しくない ）

> 対応する辺の長さの比がどれも等しく，
> 対応する角の大きさがそれぞれ等しくなっているね。

③ □ にあてはまる数を書きましょう。

・〇は，圀の □ 倍の拡大図です。

・圀は，〇の $\frac{1}{\square}$ の縮図です。

17

拡大図と縮図 (3)

● あの拡大図はどれですか。

また，それは何倍の拡大図ですか。

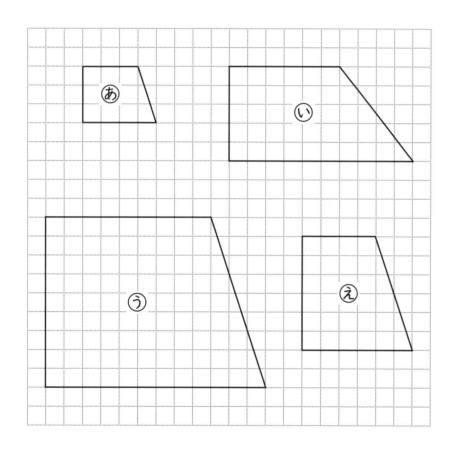

あの拡大図は ☐ で， ☐ 倍の拡大図

● あの縮図はどれですか。

また，それは何分の一の縮図ですか。

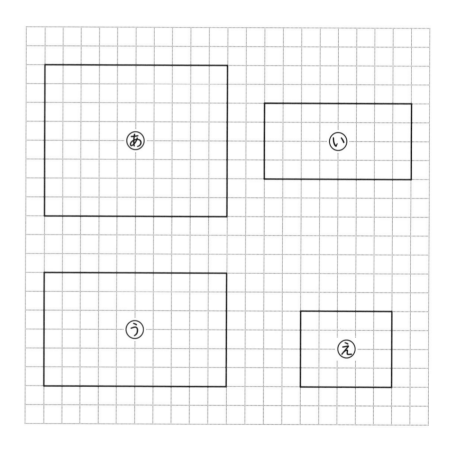

あの縮図は ☐ で， $\frac{1}{\square}$ の縮図

18

拡大図と縮図 (4)

● 三角形カキクは，三角形アイウの２倍の拡大図です。

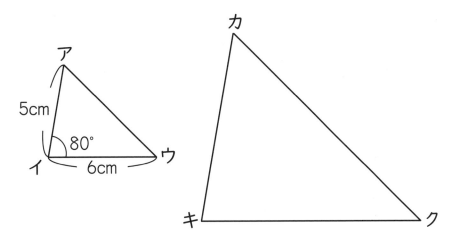

① 辺カキは 何cm ですか。

| | cm |

② 辺キクは 何cm ですか。

| | cm |

③ 角キは何度ですか。

| | ° |

● 四角形カキクケは，四角形アイウエの1.5倍の拡大図です。

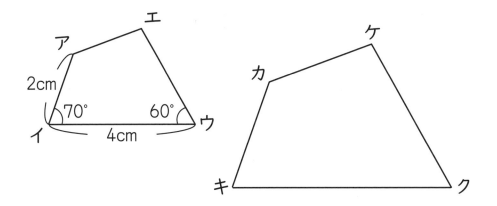

① 辺カキは 何cm ですか。

| | cm |

② 辺キクは 何cm ですか。

| | cm |

③ 角キは何度ですか。

| | ° |

④ 角クは何度ですか。

| | ° |

		名 前
月	日	

● 三角形カキクは，三角形アイウの $\frac{1}{2}$ の縮図です。

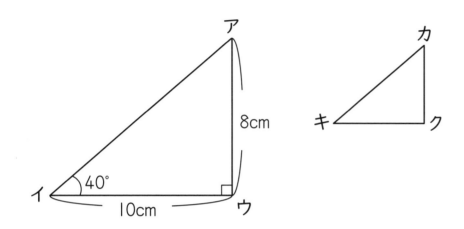

① 辺キクは 何cm ですか。

 cm

② 辺カクは 何cm ですか。

 cm

③ 角キは何度ですか。

 °

④ 角クは何度ですか。

 °

● 四角形カキクケは，四角形アイウエの $\frac{1}{3}$ の縮図です。

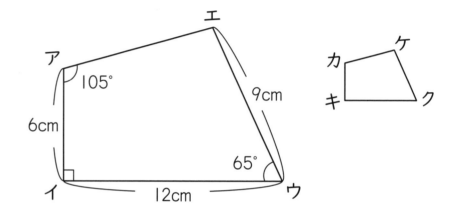

① 辺カキは 何cm ですか。

 cm

② 辺ケクは 何cm ですか。

 cm

③ 角カは何度ですか。

 °

④ 角クは何度ですか。

 °

		名 前
月	日	

● 下の三角形アイウを 2 倍に拡大した，三角形カキクの続きをかきましょう。

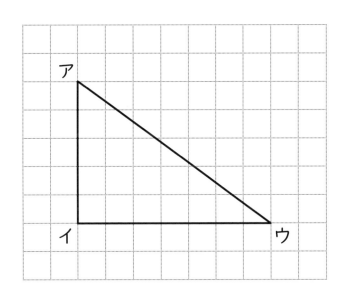

辺イウに対応する辺キクはかいてあるよ。
2 倍の拡大図なので，辺の長さは
それぞれ 2 倍になるね。

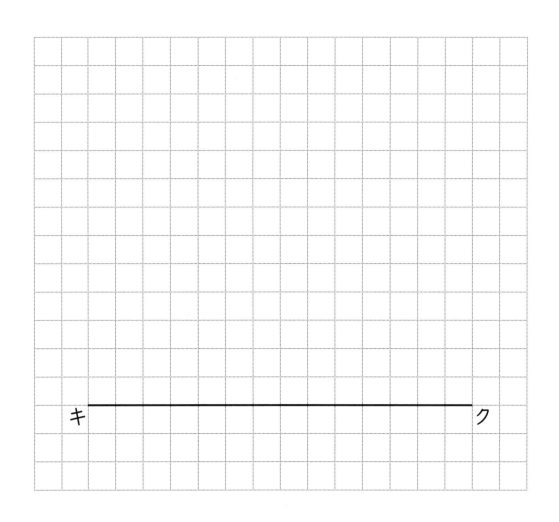

拡大図と縮図 (7)

		名 前
月	日	

● 下の四角形アイウエの縮図と拡大図の続きをかきましょう。

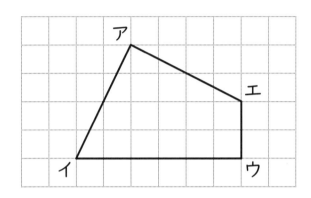

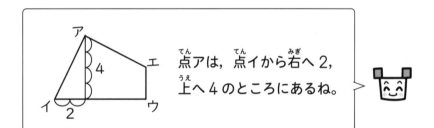

点アは，点イから右へ2，上へ4のところにあるね。

① 四角形アイウエを $\frac{1}{2}$ に縮小した四角形カキクケ

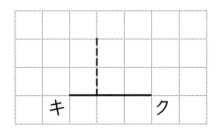

② 四角形アイウエを 2 倍に拡大した四角形カキクケ

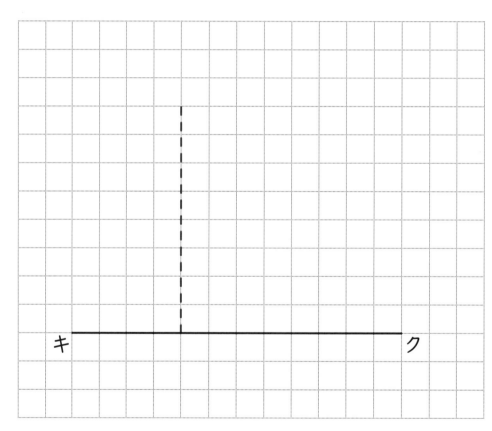

		名 前
月	日	

● 下の三角形アイウを 2 倍にした，三角形カキクの続きをかきましょう。

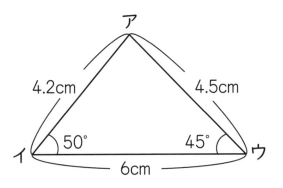

❶ 3つの辺の長さを
使ってかく

❷ 2つの辺とその間の
角を使ってかく

❸ 1つの辺とその両はしの
角を使ってかく

❶, ❷, ❸, どのかき方で
かいてもいいよ。

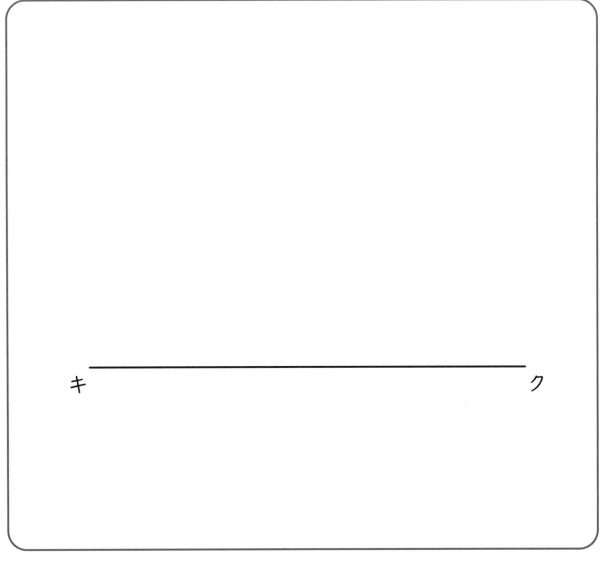

キ　　　　　　　　　　　　　　　　　　　　ク

● 下の三角形 ABC を 2 倍に拡大した三角形 DBE を，頂点 B を中心にしてかきましょう。

① 辺 DB，辺 BE は

それぞれ何 cm ですか。

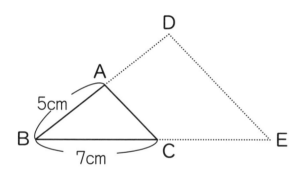

辺 DB = ☐ cm

辺 BE = ☐ cm

② 拡大図をかきましょう。

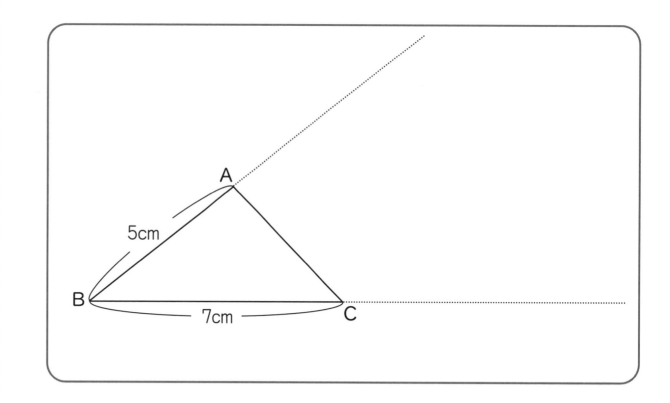

コンパスを使ってかくと便利だよ。

拡大図と縮図 (10)

		名 前
月	日	

● 下の四角形 ABCD を $\frac{1}{2}$ に縮小した四角形 EBFG を，頂点Bを中心にしてかきましょう。

① 辺EB，辺BF はそれぞれ何cmですか。

また，直線BG は何cmですか。

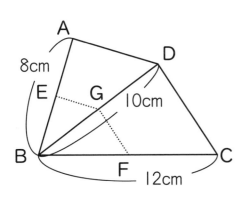

辺EB = ☐ cm

辺BF = ☐ cm

直線BG = ☐ cm

② 縮図をかきましょう。

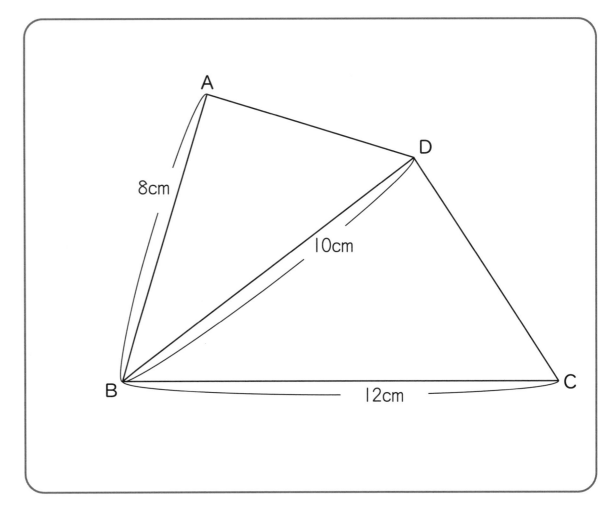

拡大図と縮図 (11)

● 下の図は，家のまわりを縮図で表したものです。

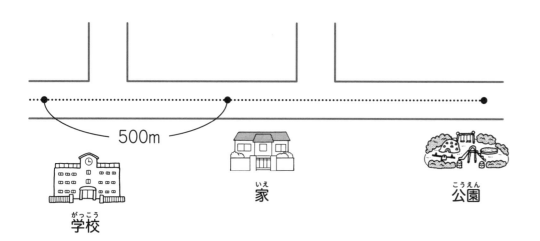

500m

学校　　　　家　　　　　公園

① 上の縮図では，家から学校までは何cmになっていますか。

cm

② 上の縮図で，1cmの長さは，実際には何mを表しますか。

m

③ 左の縮図は，実際の長さを何分の1に縮小したものですか。

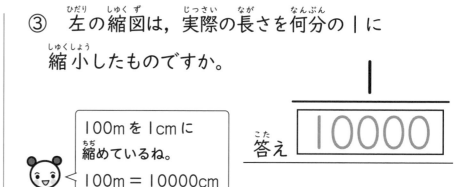

100mを1cmに縮めているね。
100m＝10000cm

答え 1/10000

④ 左の縮図では，家から公園までは何cmですか。

cm

⑤ 家から公園までの実際の道のりは何mですか。

式

答え

m

円の面積 (1)

● 円の面積を求める公式を考えましょう。

円を等分して，下のように並べていくよ。

16 等分

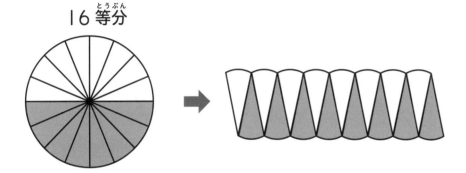

32 等分

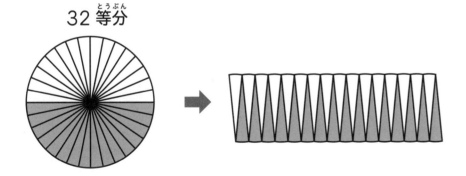

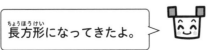
長方形になってきたよ。

64 等分

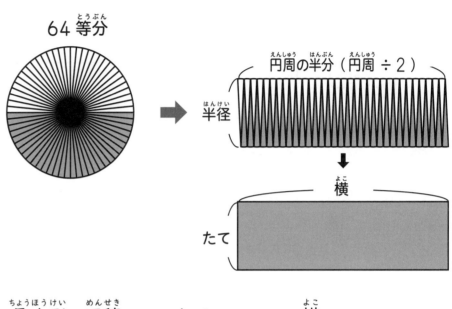

長方形の面積 ＝ たて × 横

円の面積 ＝ 半径 × 円周の半分

＝ 半径 × 直径 × 3.14 ÷ 2

＝ 半径 × 半径 × 3.14

直径÷2

円の面積 ＝ 　　　 × 　　　 ×

円の面積 (2)

		名 前
月	日	

● 次の円の面積を求めましょう。

$$円の面積 = \boxed{半径 × 半径 × 3.14}$$

①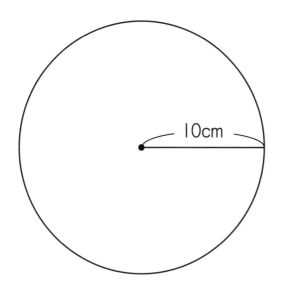

10cm

式

$$\boxed{} × \boxed{} × 3.14 = \boxed{}$$

答え $\boxed{}$ cm^2

②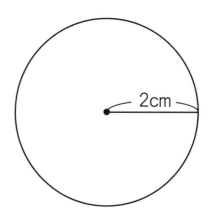

2cm

式

$$\boxed{} × \boxed{} × 3.14 = \boxed{}$$

答え $\boxed{}$ cm^2

		3	.	1	4
×					

28

円の面積 (3)

● 次の円の面積を求めましょう。　 電たくで計算しよう

$$円の面積 = \boxed{半径 \times 半径 \times 3.14}$$

①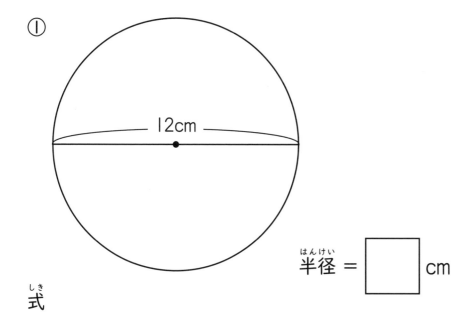

12cm

半径 = ☐ cm

式

☐ × ☐ × 3.14 = ☐

答え ☐ cm²

②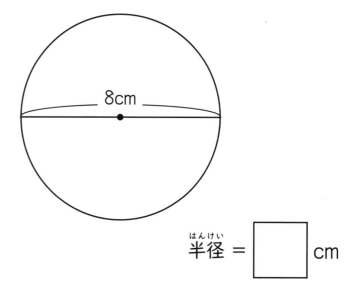

8cm

半径 = ☐ cm

式

☐ × ☐ × 3.14 = ☐

答え ☐ cm²

29

円の面積 (4)

● 次の円の面積を求めましょう。

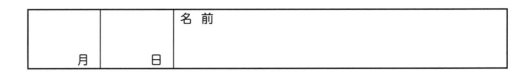
電たくで計算しよう

ものさしで必要なところの長さをはかろう。

①

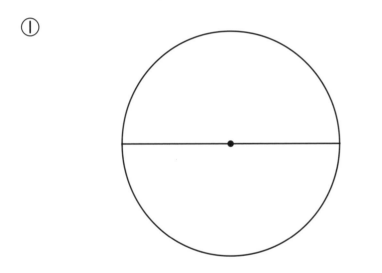

式

$\boxed{} \times \boxed{} \times 3.14 = \boxed{}$

答え $\boxed{}$ cm²

②

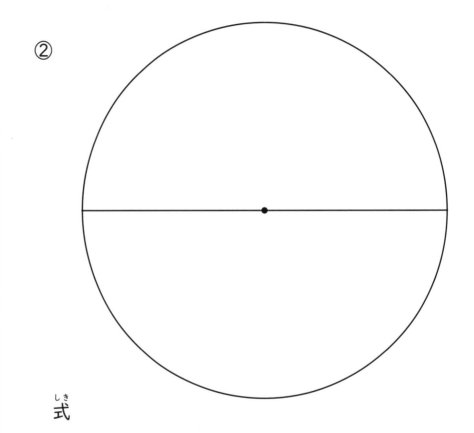

式

$\boxed{} \times \boxed{} \times 3.14 = \boxed{}$

答え $\boxed{}$ cm²

円の面積 (5)

● 次の図の，色をぬった部分の面積を求めましょう。

 電たくで
計算しよう

①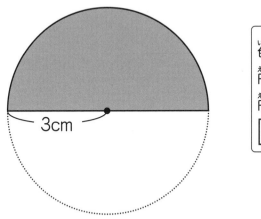

3cm

色をぬった部分は
円の半分，
円の面積を求めて
[2]でわるよ。

円全体の面積

☐ × ☐ × 3.14 = ☐

半円の面積

円全体の面積

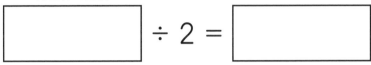

☐ ÷ 2 = ☐

答え ☐ cm²

②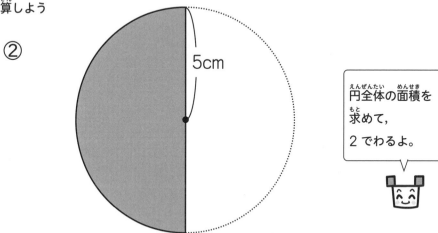

5cm

円全体の面積を
求めて，
2でわるよ。

円全体の面積

☐ × ☐ × 3.14 = ☐

半円の面積
円全体の面積

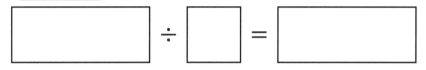

☐ ÷ ☐ = ☐

答え ☐ cm²

円の面積 (6)

● 次の図の，色をぬった部分の面積を求めましょう。

 電たくで計算しよう

①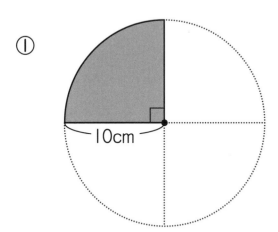

10cm

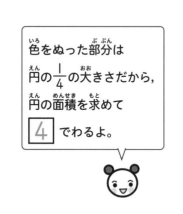 色をぬった部分は円の $\frac{1}{4}$ の大きさだから，円の面積を求めて 4 でわるよ。

円全体の面積

□ × □ × 3.14 = [　　]

円の $\frac{1}{4}$ の面積

円全体の面積

[　　] ÷ 4 = [　　]

答え [　　] cm²

②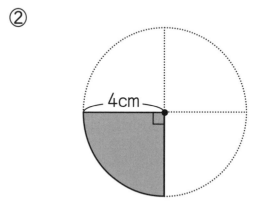

4cm

 円全体の面積を求めて，4 でわるよ。

円全体の面積

□ × □ × 3.14 = [　　]

円の $\frac{1}{4}$ の面積

[　　] ÷ □ = [　　]

答え [　　] cm²

名 前

月　日

● 次の図形の面積を求めましょう。

 電たくで
計算しよう

①  円の半分だね。

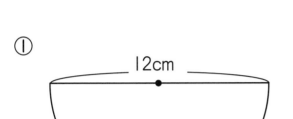
12cm

半径 = ☐ cm

式

円全体

☐ × ☐ × 3.14 = ☐

図形の面積

 ÷ ☐ = ☐

答え ☐ cm²

② 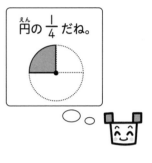 円の ¼ だね。

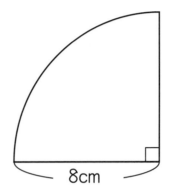
8cm

式

円全体

☐ × ☐ × 3.14 = ☐

図形の面積

 ÷ ☐ = ☐

答え ☐ cm²

円の面積 (8)

● 次の図で，色をぬった部分の面積を求めましょう。

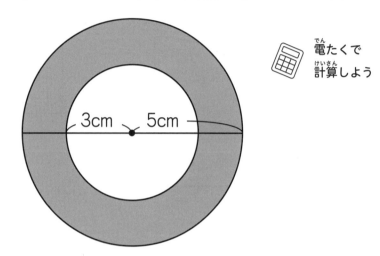

3cm　5cm

電たくで
計算しよう

考え方

大きい円から小さい円をひく。

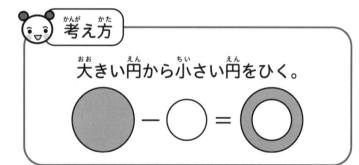

◯ － ○ = ◎

大きい円の半径 = ☐ cm

小さい円の半径 = ☐ cm

---

① 大きい円の面積を求めましょう。

式　☐ × ☐ × 3.14 = ☐

答え　☐ cm²

② 小さい円の面積を求めましょう。

式　☐ × ☐ × 3.14 = ☐

答え　☐ cm²

③ 色をぬった部分の面積を求めましょう。

式　☐ － ☐ = ☐

答え　☐ cm²

34

円の面積 (9)

● 次の図形の面積を求めましょう。

電たくで
計算しよう

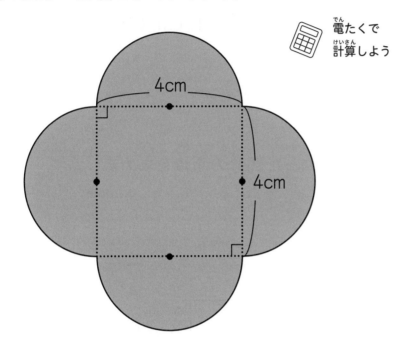

4cm

4cm

考え方

◗ を2つ合わせると ◯ になる。

円が2つ　　　　　　　正方形

◯ ＋ ◯ ＋ ☐

① １つの円の面積を求めましょう。

円の半径 ＝ ☐ cm

式 ☐ × ☐ × 3.14 ＝ ☐

答え ☐ cm²

② 正方形の面積を求めましょう。

式 ☐

答え ☐ cm²

③ 図形の面積を求めましょう。

式 　１つの円の面積　　　正方形の面積

☐ × 2 ＋ ☐ ＝ ☐

答え ☐ cm²

35

円の面積 (10)

● 次の図で、色をぬった部分の面積を求めましょう。

電たくで
計算しよう

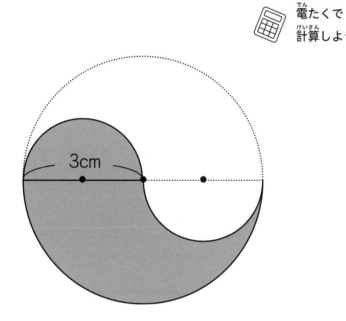

3cm

考え方

小さい半円を移動させると大きな円の半円になる。

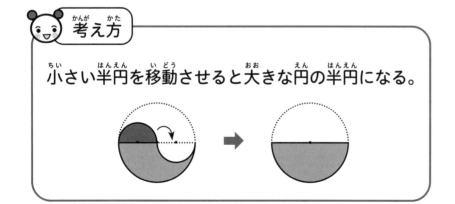

① 大きな円の半径は 何cm ですか。

[   ] cm

② 色をぬった部分の面積を求めましょう。

式

円全体

[   ] × [   ] × 3.14 = [   ]

半円

[   ] ÷ [   ] = [   ]

答え [   ] cm²

36

		名前
月	日	

● 次の四角柱の体積を求めましょう。

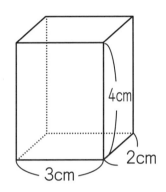

4cm
2cm
3cm

① 直方体の体積を求める公式を使って求めましょう。

式

たて ☐ × 横 ☐ × 高さ ☐ = ☐

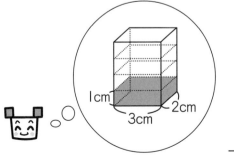

1cm
3cm 2cm

答え ☐ cm³

② 四角柱の底面積を求め，体積を求めましょう。

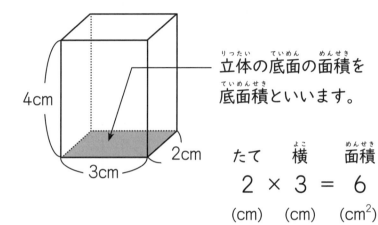

立体の底面の面積を
底面積といいます。

4cm
3cm 2cm

たて 横 面積
2 × 3 = 6
(cm) (cm) (cm²)

式

底面積
┌──────┐
2 × 3 × 高さ 4 = ☐

答え ☐ cm³

角柱の体積 = 底面積 × 高さ

37

立体の体積 (2)

角柱の体積

		名前
月	日	

● 次の四角柱の体積を求めましょう。

$$角柱の体積 = 底面積 \times 高さ$$

①

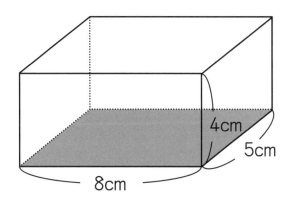

式

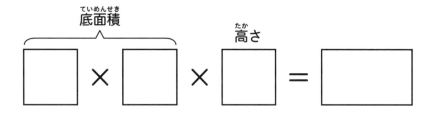

底面積

$\boxed{} \times \boxed{} \times \boxed{} = \boxed{}$

高さ

答え　$\boxed{}$ cm^3

②

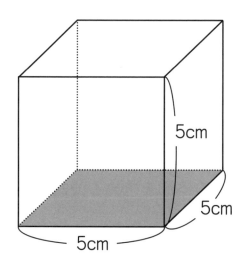

式

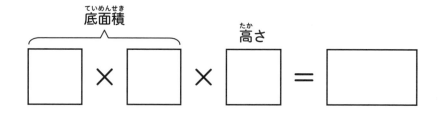

底面積

$\boxed{} \times \boxed{} \times \boxed{} = \boxed{}$

高さ

答え　$\boxed{}$ cm^3

立体の体積 （3）

角柱の体積

		名 前
月	日	

● 次の四角柱の体積を求めましょう。

$$ 角柱の体積 = 底面積 × 高さ $$

①

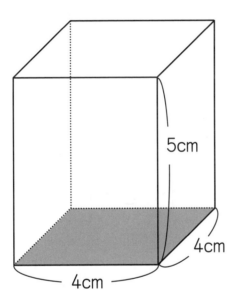

5cm

4cm

4cm

式

□ × □ × □ = □

答え □ cm³

②

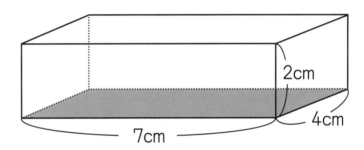

2cm

4cm

7cm

式

□ × □ × □ = □

答え □ cm³

立体の体積（4）

角柱の体積

● 次の三角柱の体積を，角柱の体積の公式を使って求めましょう。

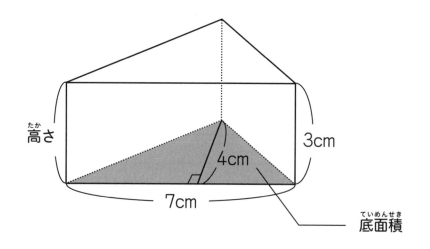

① 三角柱の底面積を求めましょう。

式

三角形の面積 ＝ 底辺 × 高さ ÷ 2

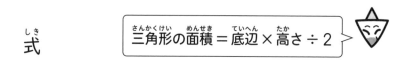

底辺 × 高さ ÷ 2 ＝

答え ___ cm²

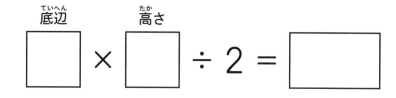

② 三角柱の体積を求めましょう。

角柱の体積 ＝ 底面積 × 高さ

式

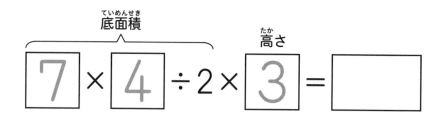

底面積

$7 \times 4 \div 2 \times 3 =$

高さ

答え ___ cm³

どんな角柱の体積でも，

底面積 × 高さ で求められるよ。

40

		名 前
月	日	

● 次の三角柱の体積を求めましょう。

> 角柱の体積 = 底面積 × 高さ

①

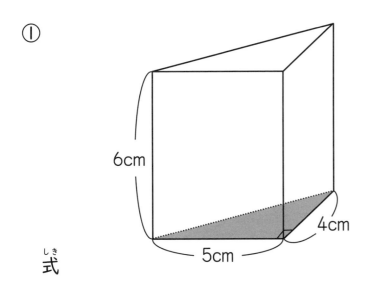

6cm
5cm
4cm

式

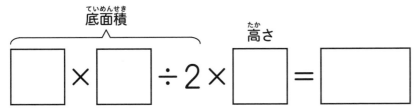

底面積

$$\boxed{} \times \boxed{} \div 2 \times \boxed{} = \boxed{}$$

高さ

答え $\boxed{}$ cm³

②

10cm
6cm
8cm

式

底面積

$$\boxed{} \times \boxed{} = \boxed{}$$

高さ

答え $\boxed{}$ cm³

● 次の三角柱の体積を求めましょう。

次の立体で底面はどこになるかな。

①
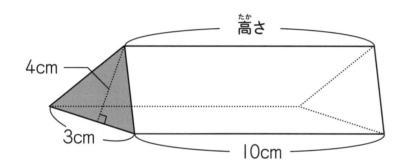

式

底面積

$$\boxed{} \times \boxed{} \div 2 \times \boxed{} = \boxed{}$$

答え $\boxed{}$ cm^3

②
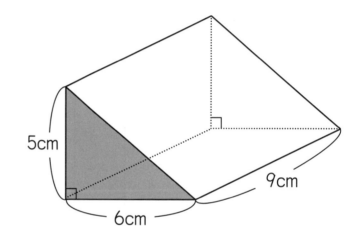

式

底面積

$$\boxed{} \times \boxed{} = \boxed{}$$

答え $\boxed{}$ cm^3

立体の体積 (7)

角柱の体積

● 次の四角柱の体積を，角柱の体積の公式を使って求めましょう。

> 角柱の体積 ＝ 底面積 × 高さ

① 底面は台形

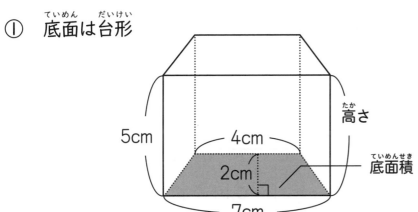

5cm　4cm　高さ
2cm　底面積
7cm

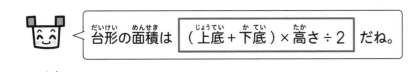

台形の面積は （上底 ＋ 下底） × 高さ ÷ 2 だね。

式

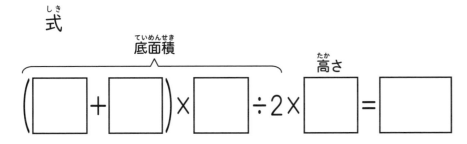

底面積　高さ

$$\left(\boxed{} + \boxed{} \right) \times \boxed{} \div 2 \times \boxed{} = \boxed{}$$

答え $\boxed{}$ cm^3

② 底面は平行四辺形

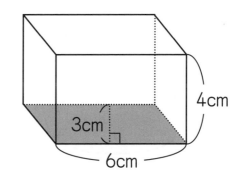

4cm
3cm
6cm

平行四辺形の面積は 底辺 × 高さ だね。

式

底面積　高さ

$$\boxed{} \times \boxed{} \times \boxed{} = \boxed{}$$

答え $\boxed{}$ cm^3

立体の体積（8）

円柱の体積

● 次の円柱の体積を ┃ 底面積 × 高さ ┃ で求めましょう。

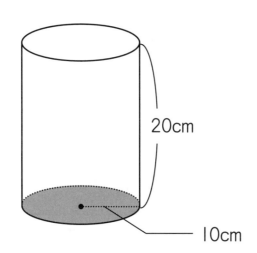

20cm

10cm

① 円柱の底面積を求めましょう。

円の面積 ＝ 半径 × 半径 × 3.14

式

□ × □ × 3.14 ＝ □

答え □ cm²

② 円柱の体積を求めましょう。

式

底面積

10 × 10 × 3.14 × 20 ＝ □

高さ

答え □ cm³

円柱の体積も，

┃ 底面積 × 高さ ┃ で求められるよ。

		名　前
月	日	

つぎ　えんちゅう　たいせき　もと
● 次の円柱の体積を求めましょう。

でん
電たくで
けいさん
計算しよう

えんちゅう　たいせき　ていめんせき　たか
円柱の体積 ＝ 底面積 × 高さ

①

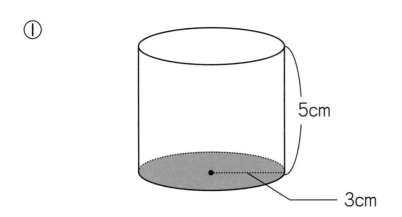

5cm

3cm

しき
式

ていめんせき
底面積
たか
高さ

$\boxed{}$ × $\boxed{}$ × 3.14 × $\boxed{}$ = $\boxed{}$

こた
答え $\boxed{}$ cm^3

②

2cm　15cm

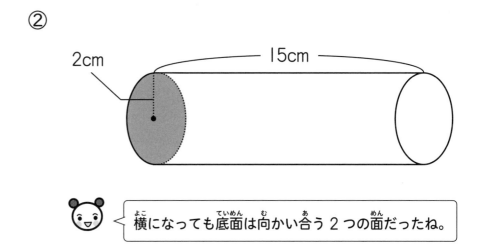

よこ　ていめん　む　あ　めん
横になっても底面は向かい合う2つの面だったね。

しき
式

ていめんせき
底面積
たか
高さ

$\boxed{}$ × $\boxed{}$ × 3.14 × $\boxed{}$ = $\boxed{}$

こた
答え $\boxed{}$ cm^3

立体の体積 (10)

	月	日	名 前

● 次の立体の体積を求めましょう。

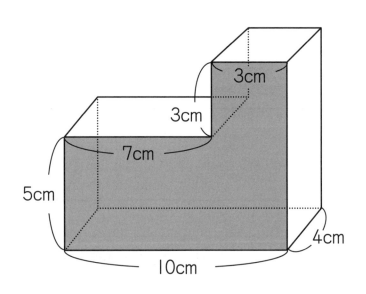

3cm

3cm

7cm

5cm

4cm

10cm

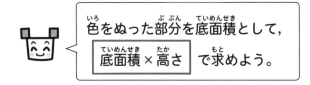

色をぬった部分を底面積として、
底面積×高さ で求めよう。

① 上の立体の高さは何 cm ですか。

cm

② 底面積を求めましょう。

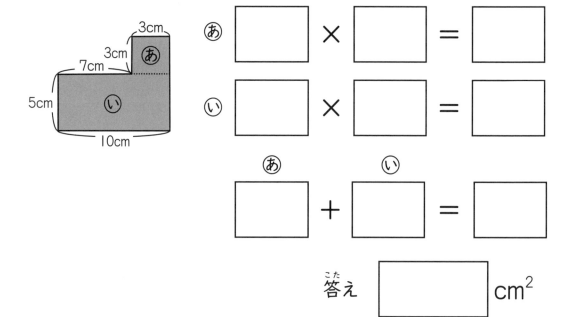

3cm

3cm ㋐

7cm

5cm ㋑

10cm

㋐ ☐ × ☐ = ☐

㋑ ☐ × ☐ = ☐

㋐ ☐ + ㋑ ☐ = ☐

答え ☐ cm²

③ 体積を求めましょう。

式 底面積 ☐ × 高さ ☐ = ☐

答え ☐ cm³

およその面積と体積 (1)

● 右のような形の公園の
およその面積を求めましょう。

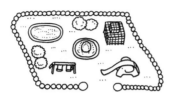

公園はおよそどんな形に
みれるかな。

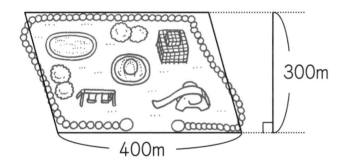

300m

400m

平行四辺形とみて計算しよう。

式

底辺		高さ		
	×		=	

答え 約 [　　　　　] m²

● 右のような形の池の
およその面積を求めましょう。

池はおよそどんな形と
いえるかな。

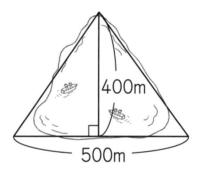

400m

500m

三角形とみて計算しよう。

式

底辺		高さ				
	×		÷	2	=	

答え 約 [　　　　　] m²

およその面積と体積 (2)

● 右の浴そうのおよその
容積を求めましょう。

浴そうはおよそ
どんな形といえるかな。

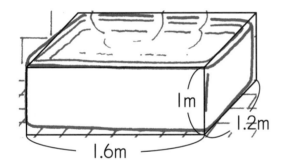

1m

1.2m

1.6m

直方体とみて計算しよう。

式

たて		横		高さ		
□	×	□	×	□	=	□

答え 約 □ m³

● 右のロールケーキの
およその体積を求めましょう。

ロールケーキは円柱の
形にみえるね。

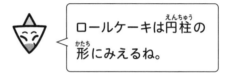

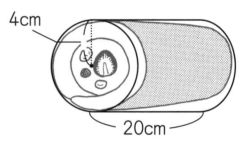

4cm

20cm

電たくで
計算しよう

式

底面積

半径		半径			高さ		
□	×	□	× 3.14 ×		□	=	□

答え 約 □ cm³

48

比例（1）

● ともなって変わる2つの数量の変わり方を表にまとめましょう。

① 1枚の重さが8gの紙の 枚数 と 重さ

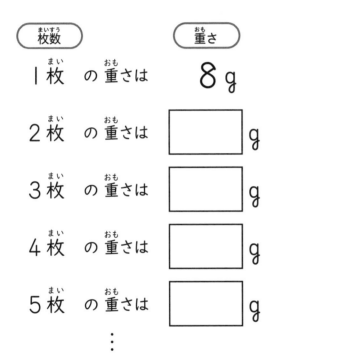

枚数	重さ
1枚 の重さは	8g
2枚 の重さは	□ g
3枚 の重さは	□ g
4枚 の重さは	□ g
5枚 の重さは	□ g

紙の枚数を x 枚，紙の重さを yg とするよ。

枚数 x（枚）	1	2	3	4	5	
重さ y（g）						

② たての長さが3cmの長方形の 横の長さ と 面積

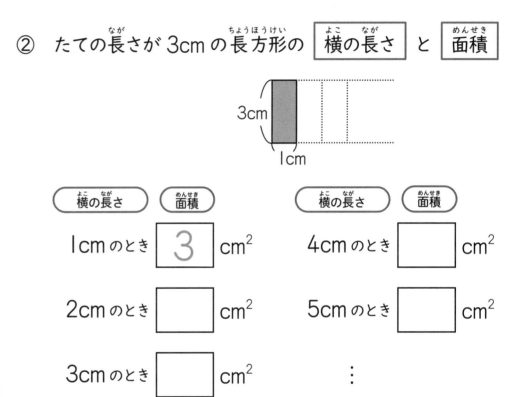

横の長さ	面積		横の長さ	面積
1cmのとき	3 cm²		4cmのとき	□ cm²
2cmのとき	□ cm²		5cmのとき	□ cm²
3cmのとき	□ cm²		:	

横の長さを $x$cm，面積を $y$cm² とするよ。

横の長さ x（cm）	1	2	3	4	5	
面積 y（cm²）						

比例 (2)

● ともなって変わる 2 つの数量の変わり方を表にまとめましょう。

① 底面積が 10cm² の四角柱の 高さ と 体積

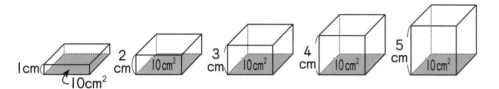

高さ	体積		高さ	体積
1cm のとき	☐ cm³		4cm のとき	☐ cm³
2cm のとき	☐ cm³		5cm のとき	☐ cm³
3cm のとき	☐ cm³		⋮	

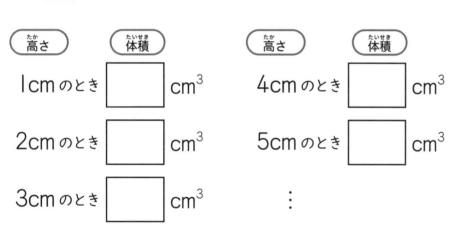
高さを x cm，体積を y cm³ とするよ。

高さ x (cm)	1	2	3	4	5
体積 y (cm³)					

② 時速 50km で走る自動車の 時間 と 道のり

時間	道のり
1 時間 走ると	☐ km 進む
2 時間 走ると	☐ km 進む
3 時間 走ると	☐ km 進む
4 時間 走ると	☐ km 進む
5 時間 走ると	☐ km 進む
⋮	

時間を x 時間，道のりを y km とするよ。

時間 x (時間)	1	2	3	4	5
道のり y (km)					

比例 (3)

● 直方体の形をした水そうに水を入れます。

下の表は，1分間に 3cm の水を入れるときの

[時間] とたまった [水の深さ] の2つの量の

関係を表したものです。

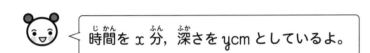

時間を x 分，深さを ycm としているよ。

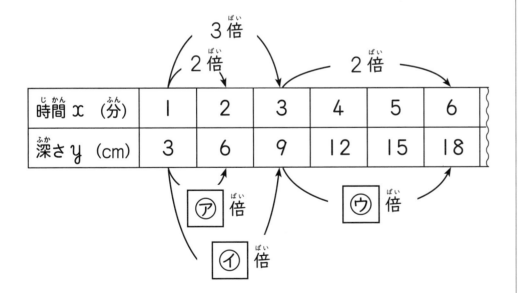

時間 x （分）	1	2	3	4	5	6
深さ y （cm）	3	6	9	12	15	18

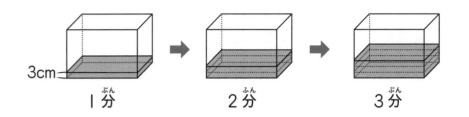

3cm

1分　　2分　　3分

① ㋐，㋑，㋒ にあてはまる数を書きましょう。

㋐ [　　]　　㋑ [　　]　　㋒ [　　]

② □ にあてはまることばや数を書きましょう。

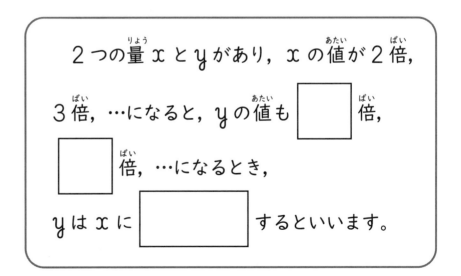

2つの量 x と y があり，x の値が2倍，

3倍，…になると，y の値も [　] 倍，

[　] 倍，…になるとき，

y は x に [　　　] するといいます。

比例 (4)

● たての長さが 7cm の長方形の横の長さを 1cm, 2cm, …と変えていきます。下の表は, 長方形の 横の長さ と 面積 の 2つの量の関係を表したものです。

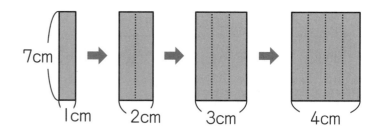

7cm → → →
1cm　2cm　3cm　4cm

横の長さを x cm, 面積を y cm² とするよ。

横の長さ x (cm)	1	2	3	4	5	6
面積 y (cm²)	7	14	21	28	35	42

① x の値が 2 倍, 3 倍, …になると, y の値は何倍になっていますか。

| | 倍, | | 倍, …になる。

② y (面積) は x (横の長さ) に比例していますか。

（　比例している　・　比例していない　）

どちらかに〇をつけよう

③ y の値を x の値でわってみましょう。

横の長さ x (cm)	1	2	3	4	5	6
面積 y (cm²)	7	14	21	28	35	42
y ÷ x	7	7				

決まった数

④ □ にあてはまる数を入れて, x と y の関係を式に表しましょう。

決まった数

$$y = \boxed{} \times x$$

比例 (5)

● 下の表は, 分速40ｍで歩く人の, 歩いた 時間 と
進んだ 道のり の比例する2つの関係を
表したものです。

歩いた時間を x 分, 道のりを ym としているよ。

時間 x (分)	1	2	3	4	5	6
道のり y (m)	40	80	120	160	200	240

① y の値を x の値でわると, いつもどんな数に
なりますか。

$$y \div x = \boxed{}$$
決まった数

② □ にあてはまる数を入れて, x と y の関係を
式に表しましょう。

決まった数
$$y = \boxed{} \times x$$

● 下の表は, 直方体の形をした水そうに, 1分間に深さ
5cmの水を入れるときの 時間 と水の 深さ の
2つの比例する関係を表したものです。

水を入れる時間を x 分, 水の深さを ycm としているよ。

時間 x (分)	1	2	3	4	5	6
深さ y (cm)	5	10	15	20	25	30

① y の値を x の値でわると, いつもどんな数に
なりますか。

$$y \div x = \boxed{}$$
決まった数

② □ にあてはまる数を入れて, x と y の関係を
式に表しましょう。

決まった数
$$y = \boxed{} \times x$$

比例(6)

● 底辺が6cmの平行四辺形の高さを1cm, 2cm, … と変えていくときの 高さ と 面積 の2つの量の関係を調べましょう。

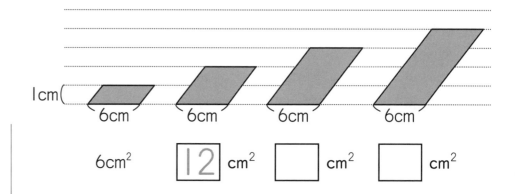

| | | 12 cm² | cm² | cm² |

6cm²

① 高さをxcm, 面積をycm²として, 2つの量の関係を表にまとめましょう。

高さx (cm)	1	2	3	4	5	6	7
面積y (cm²)	6	12					

② y（面積）はx（高さ）に比例していますか。

(比例している ・ 比例していない)

どちらかに〇をつけよう

xの値が2倍, 3倍, …になると, yの値も2倍, 3倍, …になっているかな。

③ yの値をxの値でわると, いつもどんな数になりますか。

$$y \div x = \boxed{}$$

決まった数

④ □ にあてはまる数を入れて, xとyの関係を式に表しましょう。

決まった数

$$y = \boxed{} \times x$$

54

比例 (7)

● 1mの重さが70gの針金があります。
長さを1m，2m，…と変えていくときの
針金の 長さ と 重さ の2つの量の関係を
調べましょう。

① 針金の長さを xm，重さを yg として，2つの
量の関係を表にまとめましょう。

長さ x (m)	1	2	3	4	5	6	7
重さ y (g)	70						

② y（重さ）は x（長さ）に比例していますか。

(比例している ・ 比例していない)

> どちらかに○をつけよう

③ y の値を x の値でわると，いつもどんな数に
なりますか。

$$y \div x = \boxed{}$$

> 決まった数

④ □ にあてはまる数を入れて，x と y の関係を
式に表しましょう。

決まった数

$$y = \boxed{} \times x$$

⑤ 長さ（x）が9mのとき，重さ（y）は何gですか。

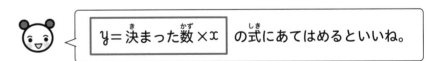
y=決まった数×x の式にあてはめるといいね。

式

答え

55

比例 (8)

● 下の表は，底辺が 4cm の平行四辺形の高さを変えて
いくときの 高さ と 面積 の２つの量の関係を
表したものです。

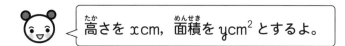

高さを x cm，面積を y cm² とするよ。

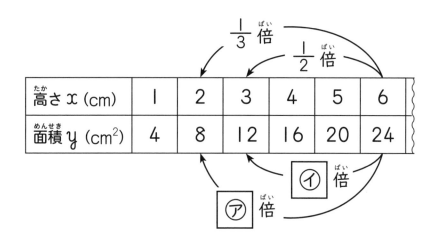

高さ x (cm)	1	2	3	4	5	6
面積 y (cm²)	4	8	12	16	20	24

① ㋐，㋑にあてはまる数を書きましょう。

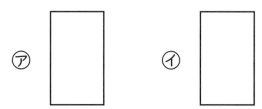

㋐

㋑

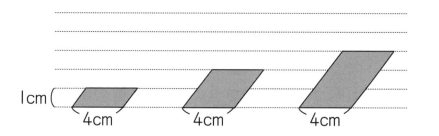

1cm

4cm   4cm   4cm

② y （面積）は x （高さ）に比例していますか。

（ 比例している ・ 比例していない ）

どちらかに○をつけよう

③ $y \div x$ の商はいつもどんな数になりますか。

$$y \div x = \boxed{}$$

決まった数

④ □ にあてはまる数を入れて，x と y の関係を
式に表しましょう。

決まった数

$$y = \boxed{} \times x$$

比例 (9)

● 下の表は, 時速30kmで走る自転車の, 走った 時間 と進んだ 道のり の2つの量の関係を 表したものです。

走った時間を x 時間, 進んだ道のりを y km としているよ。

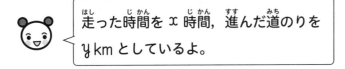

時間 x (時間)	1	2	3	4	5	6
道のり y (km)	30	60	90	120	150	180

1.5倍　　5/3倍

ア 倍　　イ 倍

① y (道のり) は x (時間) に比例していますか。

（　比例している　・　比例していない　）

どちらかに〇をつけよう

② ア, イにあてはまる数を書きましょう。

ア 　　　イ

③ y ÷ x の商はいつもどんな数になりますか。

$$y \div x = \boxed{}$$

決まった数

④ □にあてはまる数を入れて, x と y の関係を 式に表しましょう。

決まった数

$$y = \boxed{} \times x$$

57

比例 (10)

● 下の表は，1mが3kgの鉄のぼうの 長さ と
重さ の2つの量の関係を表したものです。

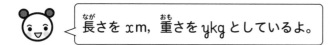
長さをxm, 重さをykgとしているよ。

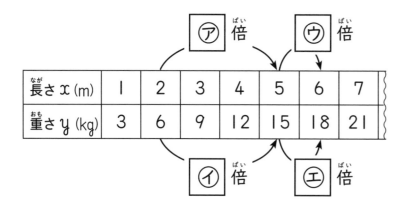

長さx (m)	1	2	3	4	5	6	7
重さy (kg)	3	6	9	12	15	18	21

① y（重さ）はx（長さ）に比例していますか。

( )

② ㋐ ～ ㋓ に入る分数を書きましょう。

㋐ ㋑ ㋒ ㋓

● 下の表は，底面積が15cm²の三角柱の 高さ と
体積 の2つの量の関係を表したものです。

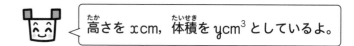
高さをxcm, 体積をycm³としているよ。

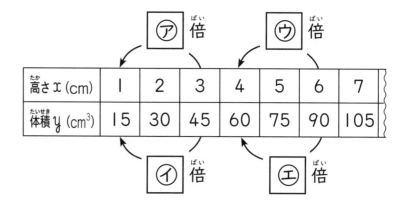

高さx (cm)	1	2	3	4	5	6	7
体積y (cm³)	15	30	45	60	75	90	105

① y（体積）はx（高さ）に比例していますか。

( )

② ㋐ ～ ㋓ に入る分数を書きましょう。

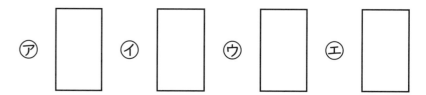

㋐ ㋑ ㋒ ㋓

58

比例（11）

● 下の表は，1mが20gの針金の│長さ xm│と
│重さ yg│の比例の関係を表したものです。

x と y の関係をグラフに表しましょう。

長さ x (m)	0	1	2	3	4	5	6	7
重さ y (g)	0	20	40	60	80	100	120	140

グラフのかき方

❶ 長さ xm を横じくに，重さ yg をたてじくにとる。

❷ 長さが 1m のとき，重さは 20g なので，
横じくの 1 と，たてじくの 20 が交わったところ
（あ）に点をとる。

❸ 同じように x の値に対応する y の値になる点をとる。

❹ 0 の点を通るように点を直線で結ぶ。

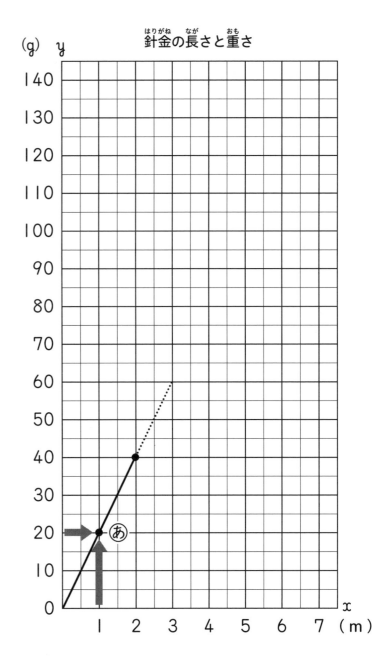

針金の長さと重さ

59

比 例 (12)

● 下の 表 は，直 方体の水そうに水を入れた 時間 x 分 と
たまった 水の 深さ ycm² の比例の関係を 表 したものです。

時間 x (分)	0	1	2	3	4	5	6
深さ y (cm)	0	3	6	9	12	15	18

① x と y の関係をグラフに表しましょう。

② x の値が次の ⑦，④ のときの y の値を求めましょう。

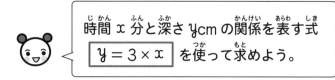

時間 x 分と深さ ycm の関係を表す式
$y = 3 × x$ を使って求めよう。

⑦ x の 値 が 0.5

式

y =

④ x の 値 が 2.5

式

y =

③ x の 値 が 0.5，2.5 のときの y の 値 が，グラフの直線上に
あるか確かめましょう。

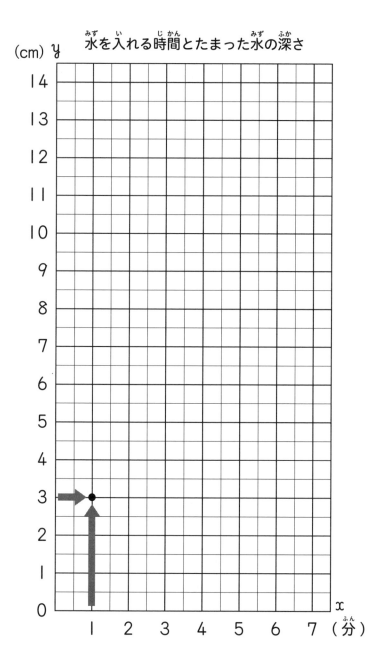

(cm) y   水を入れる時間とたまった水の深さ

14
13
12
11
10
9
8
7
6
5
4
3
2
1
0   1   2   3   4   5   6   7 (分)   x

比例 (13)

● 下のグラフは，自動車の走った 時間 x 時間 と進んだ 道のり y km の関係を表したものです。

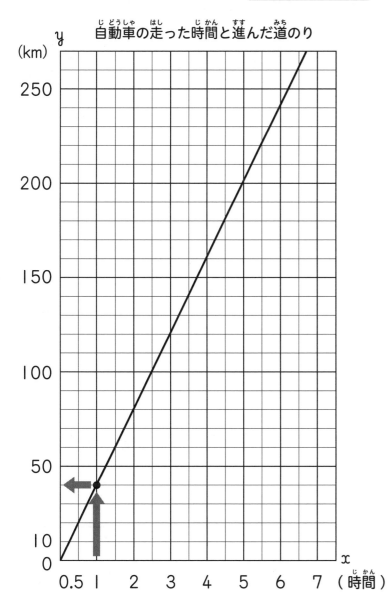

自動車の走った時間と進んだ道のり

① この自動車の時速は何 km ですか。

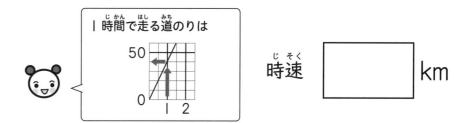

1 時間で走る道のりは

時速 ☐ km

② x と y の関係を式で表しましょう。

決まった数

$$y = \boxed{} \times x$$

③ 2.5 時間走ると何 km 進みますか。

x が 2.5 のときの y の値を読み取ろう。

☐ km

④ 220km 走るのにかかった時間は何時間ですか。

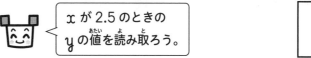

y が 220 のときの x の値を読み取ろう。

☐ 時間

61

比例 (14)

● 印刷用紙 10 枚の重さをはかったら 36g でした。
この印刷用紙 200 枚では何 g になりますか。

⑦と⑦の 2 つの方法で考えてみよう。

枚数 x (枚)	10	200
重さ y (g)	36	?

---

⑦ 印刷用紙 1 枚の重さから求める

① この印刷用紙 1 枚の重さを求めましょう。

式

答え ☐ g

② 1 枚の重さをもとに, 200 枚の重さを
求めましょう。

式

答え ☐ g

---

⑦ 比例の関係を使って求める

① ☐ にあてはまる数を書きましょう。

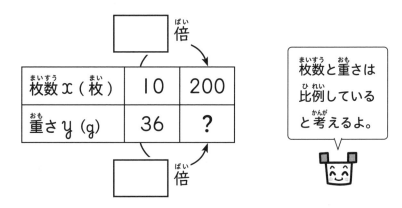

枚数と重さは
比例している
と考えるよ。

枚数 x (枚)	10	200
重さ y (g)	36	?

② ①をもとに, 200 枚の重さを求めましょう。

式

答え ☐ g

62

反比例 (1)

● ともなって変わる 2 つの数量の変わり方を表にまとめましょう。

① 面積が 8cm² の長方形の たての長さ と 横の長さ

たての長さ	横の長さ
1cm のとき	□ cm
2cm のとき	□ cm
4cm のとき	□ cm
8cm のとき	□ cm

たての長さを x cm，横の長さを y cm とするよ。

たての長さ x (cm)	1	2	4	8
横の長さ y (cm)				

② 12 個のあめを等分したときの 人数 と 1人分の個数

人数	1人分	人数	1人分
1人 に分けると	12 個	4人 に分けると	□ 個
2人 に分けると	□ 個	6人 に分けると	□ 個
3人 に分けると	□ 個	12人 に分けると	□ 個

人数を x 人，1人分の個数を y 個とするよ。

人数 x (人)	1	2	3	4	6	12
1人分の個数 y (個)	12					

反比例 (2)

● 下の表は，面積が 12cm² の長方形の

たての長さ と 横の長さ の 2 つの量の

関係を表したものです。

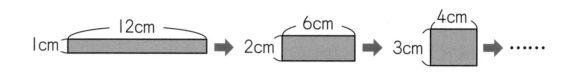

たての長さを x cm，横の長さを y cm とするよ。

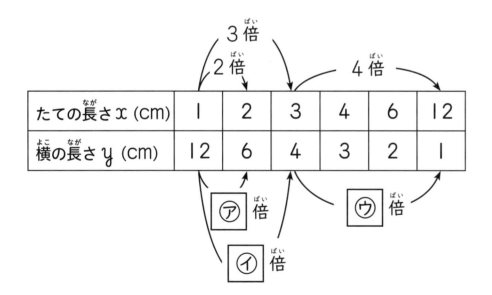

たての長さ x (cm)	1	2	3	4	6	12
横の長さ y (cm)	12	6	4	3	2	1

① ⑦，①，⑦ にあてはまる分数を書きましょう。

⑦ ［　　］　　① ［　　］　　⑦ ［　　］

② □ にあてはまることばや数を書きましょう。

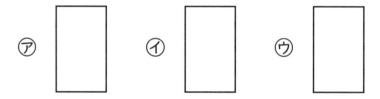

2 つの量 x と y があり，x の値が 2 倍，

3 倍，…になると，y の値が $\dfrac{1}{□}$ 倍，

$\dfrac{1}{□}$ 倍，…になるとき，

y は x に ［　　　　　］ するといいます。

64

		名前
月	日	

● 下の表は，面積が 24cm² の長方形の たての長さ と 横の長さ の２つの量の関係を表したものです。

たての長さを x cm，横の長さを y cm とするよ。

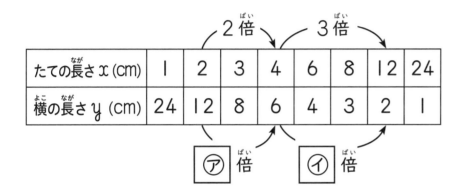

たての長さ x (cm)	1	2	3	4	6	8	12	24
横の長さ y (cm)	24	12	8	6	4	3	2	1

ⓐ 倍　　ⓑ 倍

① 上の表の ⑦，⑦ にあてはまる分数を書きましょう。

⑦　　　⑦

② y（横の長さ）は x（たての長さ）に反比例していますか。

（　　　　　　　　　　　　）

③ x の値と y の値をかけてみましょう。
そして，□ に入る数を書きましょう。

たての長さ x (cm)	1	2	3	4	6	8	12	24
横の長さ y (cm)	24	12	8	6	4	3	2	1
$x \times y$	24	24						

決まった数

$$x \times y = \boxed{}$$

決まった数

④ □ にあてはまる数を入れて，x と y の関係を式に表しましょう。

決まった数

$$y = \boxed{} \div x$$

反比例 (4)

● 下の表は, 36km の道のりを進むときの 時速 と
かかる 時間 の2つの量の関係を表したものです。

時速を x km, 時間を y 時間としているよ。

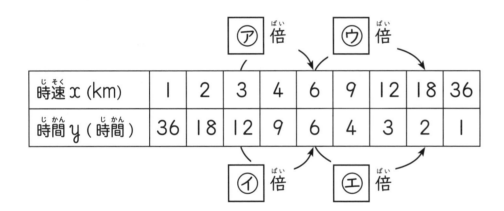

時速 x (km)	1	2	3	4	6	9	12	18	36
時間 y (時間)	36	18	12	9	6	4	3	2	1

① 上の表の ㋐〜㋓ にあてはまる数を書きましょう。

㋐ □　　㋑ □　　㋒ □　　㋓ □

② y (時間) は x (時速) に反比例していますか。

(　　　　　　　　　　　)

③ x の値と y の値をかけると, いつもどんな
数になりますか。

$$x \times y = \boxed{}$$

決まった数

④ □ にあてはまる数を入れて, x と y の関係を
式に表しましょう。

決まった数

$$y = \boxed{} \div x$$

66

反比例 (5)

● 深さが 48cm の水そうに水をいっぱいに入れます。
1 分あたりに入る ┃水の深さ┃ と水を入れるのに ┃かかる時間┃ の 2 つの量の関係を調べましょう。

① 1 分あたりに入る水の深さを x cm, かかる時間を y 分として, 2 つの量の関係を表にまとめましょう。

1 分あたりに入る水の深さ x (cm)	1	2	3	4	6	8	12	16	24	48
水を入れるのにかかる時間 y (分)	48									

2cm ずつ水を入れると, 48cm になるまでに何分かかるかな。

② y (時間) は x (水の深さ) に反比例していますか。

(　　　　　　　　　　　　　)

③ x の値と y の値をかけると, いつもどんな数になりますか。

$$x \times y = \boxed{}$$

決まった数

④ □ にあてはまる数を入れて, x と y の関係を式に表しましょう。

決まった数

$$y = \boxed{} \div x$$

⑤ 水の深さ (x) が 1.5cm のとき, 水を入れるのにかかる時間 (y) は何分ですか。

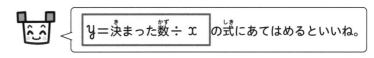

$y = $ 決まった数 $\div x$ の式にあてはめるといいね。

式

答え □

反比例（6）

	月	日	名　前

● 体積が 60cm³ の四角柱の ┃底面積┃ と ┃高さ┃ の反比例する2つの量の関係を調べましょう。

① 底面積を xcm², 高さを ycm として, 反比例する2つの量の関係を表にまとめましょう。

底面積 x (cm²)	1	2	3	4	5	6	10	20	30	60
高さ y (cm)	60	30	20							

② x × y の積は, いつもどんな数になりますか。

$$x × y = \boxed{}$$

決まった数

③ x と y の関係を式で表しましょう。

決まった数

$$y = \boxed{} ÷ x$$

④ 底面積 (x) が次の ⑦, ④ のときの高さ (y) を求めましょう。

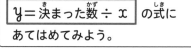

┃y＝決まった数 ÷ x┃ の式にあてはめてみよう。

⑦ x が 8cm² のとき

式

答え □

④ x が 40cm² のとき

式

答え □

68

反比例 (7)

● 下の表は，面積が $20cm^2$ の平行四辺形の　底辺　と　高さ　の２つの量の関係を表したものです。

底辺を x cm，高さを y cm としているよ。

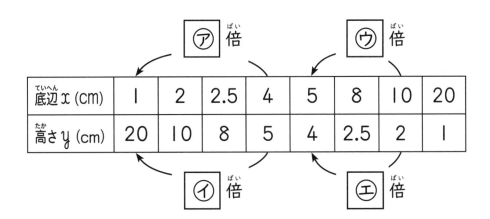

底辺 x (cm)	1	2	2.5	4	5	8	10	20
高さ y (cm)	20	10	8	5	4	2.5	2	1

① ㋐〜㋓ にあてはまる数を書きましょう。

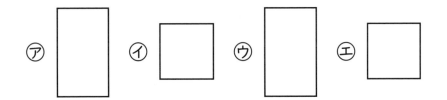

㋐ ☐　㋑ ☐　㋒ ☐　㋓ ☐

② y（高さ）は x（底辺）に反比例していますか。

(　　　　　　　　)

x の値が $\frac{1}{2}$ 倍，$\frac{1}{3}$ 倍，…になると，y の値は 2 倍，3 倍に，…になるね。

③ $x \times y$ の積は，いつもどんな数になりますか。

$$x \times y = \boxed{}$$

決まった数

④ x と y の関係を式で表しましょう。

決まった数

$$y = \boxed{} \div x$$

69

反比例 (8)

● 下の表は，面積が 12cm² の長方形の たての長さ xcm と
横の長さ ycm の反比例の関係を表したものです。

たての長さ x (cm)	1	2	3	4	5	6	8	10	12
横の長さ y (cm)	12	6	4	3	2.4	2	1.5	1.2	1

グラフのかき方

❶ たての長さ xcm を横じくに，横の長さ ycm を
たてじくにとる。

❷ たての長さ (x) が 1cm のとき，横の
長さ (y) は 12cm なので，横じくの
1 とたてじくの 12 が交わったところ（あ）に
点をとる。

❸ 同じように x の値に対応する y の値になる点を
とる。

❹ とった点をなめらかな曲線で結ぶ。

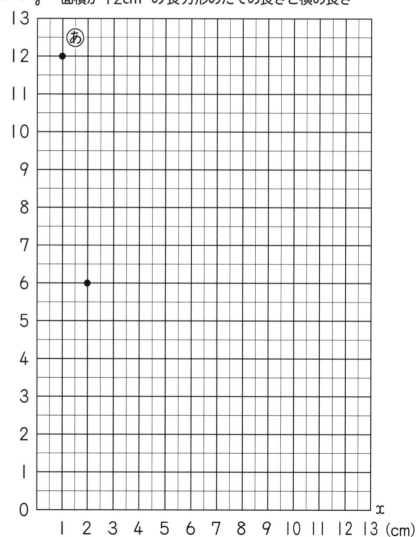

(cm) y　面積が 12cm² の長方形のたての長さと横の長さ

反比例 (9)

● 下の表は，深さが 48cm の水そうに水をいっぱい入れるときの，1分あたりに入る 水の深さ x cm と 水を入れるのに かかる時間 y 分 の反比例の関係を表したものです。

x と y の関係をグラフに表しましょう。

1分あたりに入る 水の深さ x (cm)	1	2	3	4	5	6
水を入れるのに かかる時間 y (分)	48	24	16	12	9.6	8

8	10	12	16	24	48
6	4.8	4	3	2	1

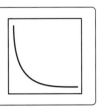

点をつなぐと なめらかな曲線に なったかな。

1分あたりに入る水の深さと水を入れるのにかかる時間

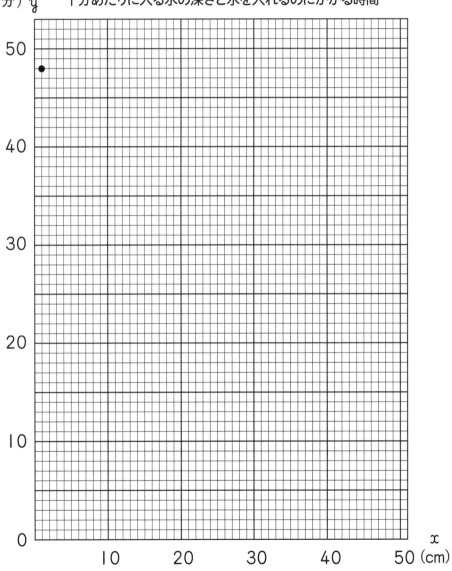

(分) y

x (cm)

71

月	日	名 前

● 次の ⑦〜⑰ の x と y の関係について，あてはまるものに○をしましょう。

⑦ 面積が 20cm² の平行四辺形の底辺 xcm と高さ ycm

底辺の長さ x (cm)	1	2	4	5	10	20
高さ y (cm)	20	10	5	4	2	1

（ 比例 ・ 反比例 ・ どちらでもない ）

⑦ まわりの長さが 12cm の長方形のたての長さ xcm と
横の長さ ycm

たての長さ x (cm)	1	2	3	4	5
横の長さ y (cm)	5	4	3	2	1

（ 比例 ・ 反比例 ・ どちらでもない ）

⑰ 底面積が 30cm² の三角柱の高さ xcm と体積 ycm³

高さ x (cm)	1	2	3	4	5
体積 y (cm³)	30	60	90	120	150

（ 比例 ・ 反比例 ・ どちらでもない ）

比例 と 反比例

・2 つの数量 x と y が比例するとき，
x の値が 2 倍，3 倍，…になると，
対応する y の値も ☐ 倍, ☐ 倍,
…になります。

・2 つの数量 x と y が反比例するとき，
x の値が 2 倍，3 倍，…になると，
対応する y の値は ☐ 倍, ☐ 倍,
…になります。

並べ方と組み合わせ方 (1)

		名前
月	日	

● 遊園地で，ゴーカート，ひこうき，ジェットコースターに乗りたいと思います。
乗る順番は何通りありますか。

 ゴーカート　 ひこうき　ジェットコースター

① 1番めを決めて表に順番を書きましょう。

⑦ 1番めがゴーカートの場合

1番め	2番め	3番め
ゴ	ひ	ジ
ゴ		

⑦ 1番めがひこうきの場合

1番め	2番め	3番め
ひ		
ひ		

⑦ 1番めがジェットコースターの場合

1番め	2番め	3番め
ジ		
ジ		

② 乗る順番は全部で何通りありますか。

通り

73

並べ方と組み合わせ方 (2)

		名 前
月	日	

● 遊園地で，ゴーカート，ひこうき，ジェットコースターに乗ります。

乗る順番を下の表にまとめました。この表を図に表してみましょう。

（　ゴーカート ➡ ゴ　，　ひこうき ➡ ひ　，　ジェットコースター ➡ ジ　）

1番め	2番め	3番め
ゴ	ひ	ジ
ゴ	ジ	ひ
ひ	ゴ	ジ
ひ	ジ	ゴ
ジ	ゴ	ひ
ジ	ひ	ゴ

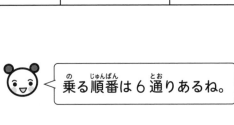

乗る順番は6通りあるね。

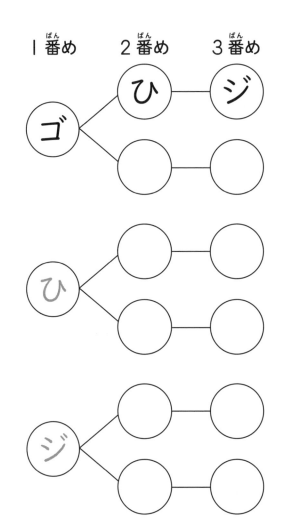

1番め　2番め　3番め

		名前
月	日	

● さくらさん，ようすけさん，かいとさんの3人でリレーのチームをつくります。

3人が走る順番を調べましょう。

 さくら　 ようすけ　 かいと

① どんな順番があるか図で調べましょう。

㋐ 第1走者がさくらさんの場合

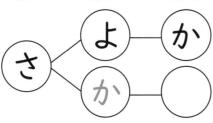

㋑ 第1走者がようすけさんの場合

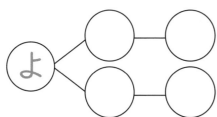

㋒ 第1走者がかいとさんの場合

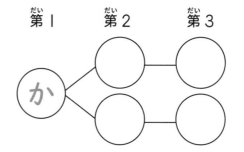

② 3人で走る場合，走る順番は全部で何通りありますか。

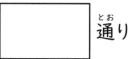 通り

図を使うと，落ちや重なりがなく調べられるね。

75

並べ方と組み合わせ方 (4)

● あいさん，かいとさん，さくらさん，たくやさんの4人でリレーのチームをつくります。

4人が走る順番を調べましょう。

$$
\begin{pmatrix}
あいさん \Rightarrow あ & かいとさん \Rightarrow か \\
さくらさん \Rightarrow さ & たくやさん \Rightarrow た
\end{pmatrix}
$$

㋐ 第1走者があいさんの場合

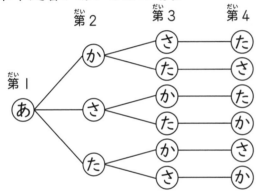

㋑ 第1走者がかいとさんの場合

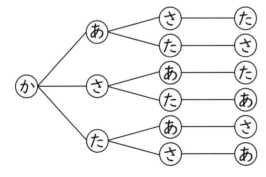

① 第1走者がさくらさん，たくやさんの場合の
　順番を調べましょう。

㋒ 第1走者がさくらさんの場合

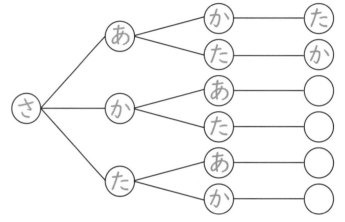

㋓ 第1走者がたくやさんの場合

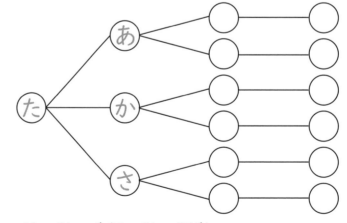

② 4人で走る場合，走る順番は
　全部で何通りありますか。

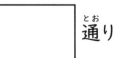

通り

並べ方と組み合わせ方 (5)

		名 前
月	日	

● $\boxed{1}$, $\boxed{2}$, $\boxed{3}$ の 3 枚のカードを使って 3 けたの整数をつくります。

① どんな整数ができるか図を使って調べましょう。

㋐ 百の位が $\boxed{1}$ の場合

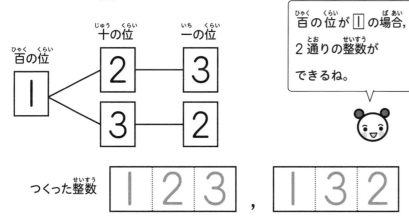

百の位が $\boxed{1}$ の場合，
2 通りの整数が
できるね。

つくった整数 | 1 | 2 | 3 | , | 1 | 3 | 2 |

㋑ 百の位が $\boxed{2}$ の場合

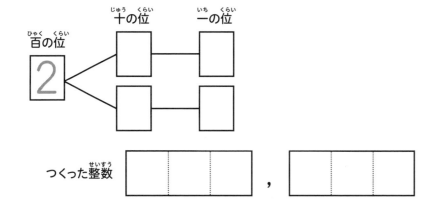

つくった整数

㋒ 百の位が $\boxed{3}$ の場合

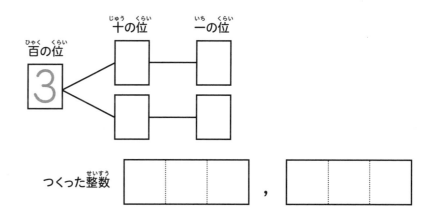

つくった整数

② 全部で何通りの整数ができますか。

通り

77

並べ方と組み合わせ方 (6)

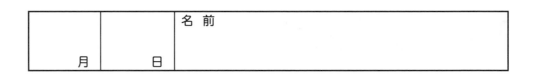

● ①, ②, ③, ④ の 4 枚のカードから 2 枚を使って，2 けたの整数をつくります。

① どんな整数ができるか図を使って調べましょう。

㋐ 十の位を ① にした場合

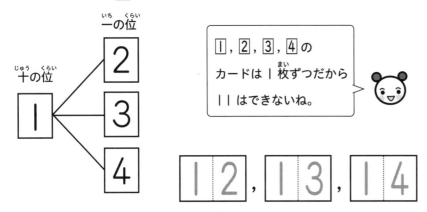

> ①, ②, ③, ④ の
> カードは 1 枚ずつだから
> 11 はできないね。

1 2 ， 1 3 ， 1 4

㋑ 十の位を ② にした場合

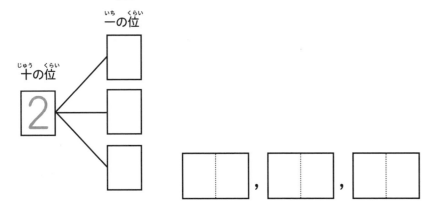

㋒ 十の位を ③ にした場合

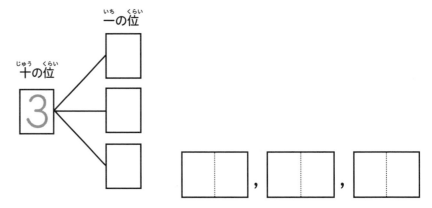

㋓ 十の位を ④ にした場合

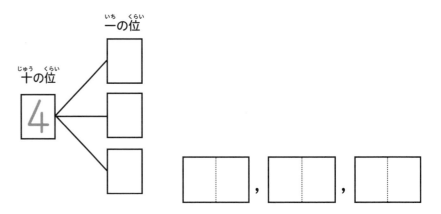

② 2 けたの整数は全部で何通りありますか。

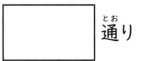 通り

78

並べ方と組み合わせ方 (7)

● コインを投げて，表が出るか裏が出るかを調べます。
3回続けて投げたときの表と裏の出方を調べましょう。

① どんな出方があるか図を使って調べましょう。
表が出た場合は「○」，裏が出た場合は「×」を
書きましょう。

㋐ 1回めに表が出た場合

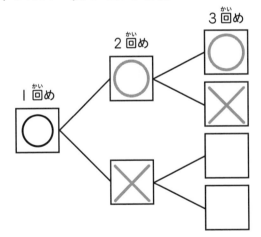

表と裏の出方

○	○	○

,

○	○	×

,

㋑ 1回めに裏が出た場合

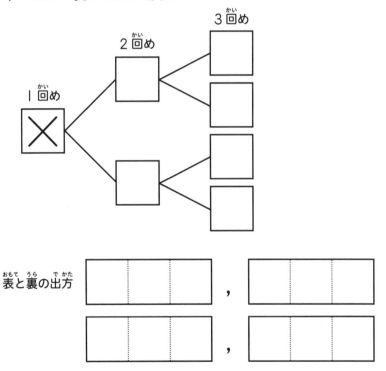

表と裏の出方

,

,

② 表と裏の出方は全部で何通りありますか。

通り

並べ方と組み合わせ方 (8)

		名前
月	日	

● A, B, C, D の 4 チームでドッジボールの試合をします。

どのチームとも 1 回ずつ試合をするとき, どんな試合の組み合わせがあるかを調べましょう。

① 図を使って調べましょう。

⑦ Aチームと試合をするチーム

A－Ⓑ , A－Ⓒ , A－Ⓓ

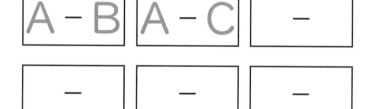

A－Bと
B－Aのように
同じ試合は,
どちらかを
消すよ。

⑦ Bチームと試合をするチーム

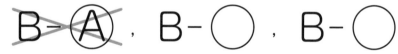

B－Ⓐ , B－◯ , B－◯

⑦ Cチームと試合をするチーム

C－◯ , C－◯ , C－◯

⑦ Dチームと試合をするチーム

D－◯ , D－◯ , D－◯

② 試合の組み合わせをすべて
書きましょう。

A－B	A－C	ー
ー	ー	ー

③ 全部で何通りの組み合わせが

ありますか。　　　　　通り

| | 月 | 日 | 名 前 |

● A, B, C, D, Eの5チームで, どのチームとも1回ずつあたるように試合をします。

どんな試合の組み合わせがあるかを調べましょう。

① 表を使って調べましょう。

🐻 表のかき方

❶ A対A, B対Bなど, 同じチームとの試合はないので, そのマスは線をひく。

❷ A対BとB対Aなど, 同じ試合の場合は, どちらかを×にする。

	A	B	C	D	E
A		○			
B	×				
C					
D					
E					

（A欄B：A対B、B欄A：B対A）

② 試合の組み合わせをすべて書きましょう。

| A－B | | A－C | | －|

| － | | － | | － |

| － | | － | | － |

| － |

③ 全部で何通りの組み合わせがありますか。

| | 通り

並べ方と組み合わせ方 (10)

● りんご，ぶどう，オレンジ，パイナップルの4種類のジュースがあります。
このうち，3種類を選んで箱に入れます。ジュースの組み合わせを調べましょう。

① 表を使って組み合わせを調べましょう。

$$\left(\begin{array}{ll} りんご ➡ ⓡ & ぶどう ➡ ⓑ \\ オレンジ ➡ ⓞ & パイナップル ➡ ⓟ \end{array} \right)$$

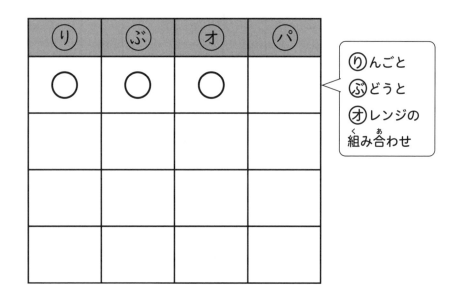

ⓡ	ⓑ	ⓞ	ⓟ
◯	◯	◯	

ⓡんごと
ⓑどうと
ⓞレンジの
組み合わせ

😊 同じ組み合わせがないかたしかめよう。

② ジュースの組み合わせをすべて書きましょう。

りんご と ぶどう と オレンジ

と と

と と

と と

③ 全部で何通りの組み合わせがありますか。

☐ 通り

データの調べ方（1）

● 下の表は，Ⓐさんの家とⒷさんの家で，今朝にわとりが産んだたまごの重さを記録したものです。

Ⓐさんの家のたまごの重さ（g）

① 42	② 45	③ 52	④ 36
⑤ 56	⑥ 47	⑦ 40	⑧ 50

Ⓑさんの家のたまごの重さ（g）

① 49	② 53	③ 44	④ 50
⑤ 52	⑥ 42	⑦ 46	

① それぞれの家の，いちばん重いたまごは
何g ですか。

Ⓐ ＿＿＿＿＿＿ Ⓑ ＿＿＿＿＿＿

② それぞれの家の，いちばん軽いたまごは
何g ですか。

Ⓐ ＿＿＿＿＿＿ Ⓑ ＿＿＿＿＿＿

③ それぞれの家の，たまごの重さの合計は
何g ですか。

Ⓐ ＿＿＿＿＿＿ Ⓑ ＿＿＿＿＿＿

④ それぞれの家の，たまごの重さの平均は
何g ですか。平均値を求めましょう。

Ⓐ ＿＿＿＿＿＿ Ⓑ ＿＿＿＿＿＿

> 平均値とは，すべてのデータの合計を求めて，データの個数でわった平均の値のことだね。

データの調べ方 (2)

● 下の表の④さんと⑧さんの家のたまごの重さが，それぞれどんなはんいにどのようにちらばっているか調べましょう。

④さんの家のたまごの重さ (g)

① 42	② 45	③ 52	④ 36
⑤ 56	⑥ 47	⑦ 40	⑧ 50

(平均値 46g)

⑧さんの家のたまごの重さ (g)

① 49	② 53	③ 44	④ 50
⑤ 52	⑥ 42	⑦ 46	

(平均値 48g)

① それぞれの家のたまごの重さを，(例) のようにドットプロットに表しましょう。

④

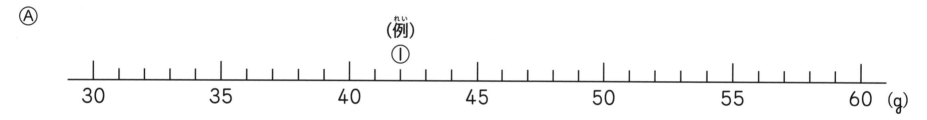

⑧

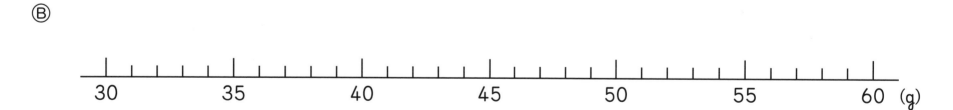

② それぞれの家の平均の重さを表すところに↑をかきましょう。

データの調べ方 (3)

● 下の表は，©さんの家で今朝にわとりが産んだたまごの重さを記録したものです。

©さんの家のたまごの重さ (g)

① 36	② 47	③ 42	④ 34	⑤ 45	⑥ 53
⑦ 47	⑧ 42	⑨ 46	⑩ 50	⑪ 42	

① たまごの重さをドットプロットに表しましょう。

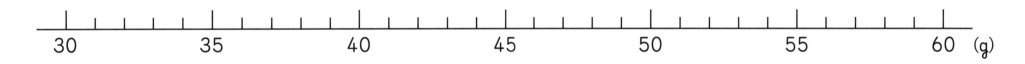

② 平均の重さを表すところに↑をかきましょう。

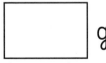 電たくで計算しよう

平均値 [ ] g

③ データがいちばん多く集まっている最ひん値は何g のところですか。

最ひん値 [ ] g

④ ちょうど真ん中になる中央値は何g のところですか。

中央値 [ ] g

 たまごは全部で11個だから，真ん中にあたるのは上からも下からも6番めの値だね。

データの調べ方 (4)

● 下のドットプロットを見て，たまごの重さのちらばりのようすを表に整理しましょう。

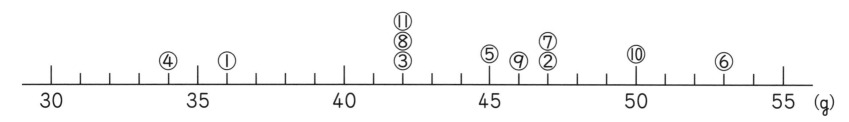

① それぞれの重さの区間（階級）に入る数を下の表（度数分布表）に書きましょう。

30以上 35未満

30以上の数は
30と30より
大きい数のこと。
35未満の数は
35より小さい数で
35は入らないね。

重さ (g)	個数（個）
30以上 ～ 35未満	I
35 ～ 40	
40 ～ 45	
45 ～ 50	
50 ～ 55	
合　計	

② 40g 未満のたまごは何個ありますか。

　　　　個

③ 45g 以上のたまごは何個ありますか。

　　　　個

④ たまごの数がいちばん多い重さの区間（階級）はどこですか。

　　　　g 以上　　　　g 未満

86

データの調べ方 (5)

● 下の表は，1組と2組のソフトボール投げの記録を整理したものです。

それぞれ右の柱状グラフに表しましょう。

ソフトボール投げ（1組）

記録 (m)			人数（人）
15以上	～	20未満	3
20	～	25	2
25	～	30	4
30	～	35	5
35	～	40	4
40	～	45	2
合　　　計			20

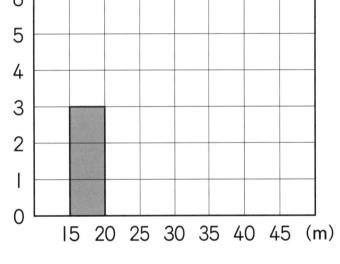

ソフトボール投げ（1組）

ソフトボール投げ（2組）

記録 (m)			人数（人）
15以上	～	20未満	0
20	～	25	2
25	～	30	3
30	～	35	5
35	～	40	6
40	～	45	3
合　　　計			19

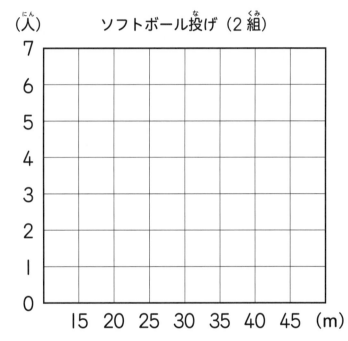

ソフトボール投げ（2組）

柱状グラフをヒストグラムともいうよ。

データの調べ方 (6)

● 下の表は，6年1組の反復横とびの記録を整理したものです。下のヒストグラムに表しましょう。

反復横とび（1組）

記録（回）	人数（人）
30以上 ～ 35未満	4
35 ～ 40	2
40 ～ 45	6
45 ～ 50	4
50 ～ 55	4
合 計	20

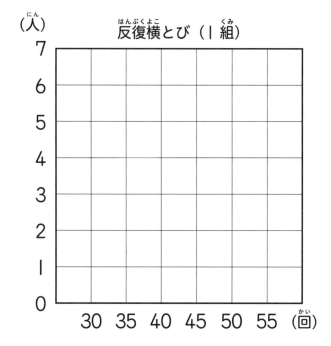

反復横とび（1組）

● 下のヒストグラムは，6年2組の反復横とびの記録を表したものです。

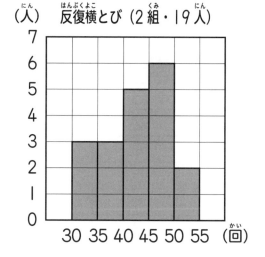

反復横とび（2組・19人）

① 人数がいちばん多い階級はどの階級ですか。

[　　] 回以上 [　　] 回未満

② 45回未満は何人ですか。

[　　] 人

③ 中央値はどの階級にありますか。

[　　] 回以上 [　　] 回未満

88

データの調べ方（7）

● 下のヒストグラムは，ⒶとⒷの畑でとれたトマトの重さをそれぞれ表したものです。

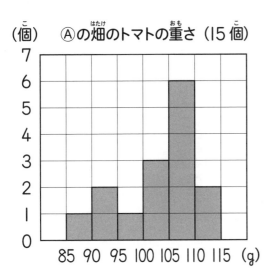

（個）Ⓐの畑のトマトの重さ（15個）

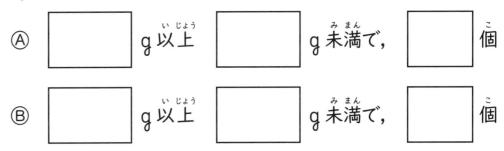

① 個数がいちばん多い階級は，それぞれ何g以上何g未満で，何個ですか。

Ⓐ ⬜ g以上 ⬜ g未満で， ⬜ 個

Ⓑ ⬜ g以上 ⬜ g未満で， ⬜ 個

② ①で答えた個数の割合は，それぞれトマト全体の何％にあたりますか。（わり切れない場合は小数第三位を四捨五入しましょう。）

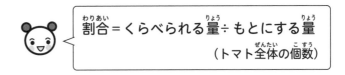

割合＝くらべられる量÷もとにする量
（トマト全体の個数）

（個）Ⓑの畑のトマトの重さ（18個）

Ⓐ 式 ⬜ ÷ ⬜ ＝ ⬜ 　答え ⬜ ％

Ⓑ 式 ⬜ ÷ ⬜ ＝ ⬜ 　答え 約 ⬜ ％

P.4

比とその利用 (1)

	名 前
月 日	

● さくらさん，けんたさん，あかりさんの3人が
ミルクとコーヒーでミルクコーヒーを作りました。
ミルクとコーヒーの量の割合を比で表しましょう。

さくらさん
ミルク コーヒー ミルク コーヒー
2 : 3
二 対 三

けんたさん
ミルク コーヒー
4 : 1

あかりさん
ミルク コーヒー
3 : 2

● 次の2つの数や量の割合を比で表しましょう。

① 公園に子どもが20人，大人が8人います。
子どもと大人の人数の割合は $20:8$

② サラダ油 35mL と酢 20mL を混ぜて
ドレッシングを作ります。
サラダ油と酢の量の割合は $35:20$

③ 赤の絵の具 4g と，黄の絵の具 3g を混ぜて
オレンジ色を作ります。
赤と黄の絵の具の量の割合は $4:3$

P.5

比とその利用 (2)

	名 前
月 日	

● 次の比の値を求めましょう。

a:b の比の値は a÷b で求められます。

① $3:4 \Rightarrow 3 \div 4 = \dfrac{3}{4}$

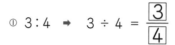
4を1とみたときに3がいくつに
あたるかを表した数だよ。
×3/4
3:4

② $8:7 \Rightarrow 8 \div 7 = \dfrac{8}{7}$

③ $2:5 \Rightarrow 2 \div 5 = \dfrac{2}{5}$

● 次の比の値を求めましょう。

① $9:6 \Rightarrow 9 \div 6 = \dfrac{9}{6} = \dfrac{3}{2}$ 約分

約分できるときは
約分しましょう。

② $12:15 \Rightarrow 12 \div 15 = \dfrac{12}{15} = \dfrac{4}{5}$ 約分

③ $10:2 \Rightarrow 10 \div 2 = \dfrac{10}{2} = \dfrac{5}{1}$ 約分

P.6

比とその利用 (3)

	名 前
月 日	

● 次の2つの比が等しいかどうか，比の値を求めて
調べましょう。

$9:12$ と $3:4$

$9:12 \Rightarrow 9 \div 12 = \dfrac{9}{12} = \dfrac{3}{4}$ 約分

$3:4 \Rightarrow 3 \div 4 = \dfrac{3}{4}$

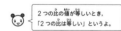
2つの比の値が等しいとき，
「2つの比は等しい」というよ。

$9:12 = 3:4$

● 次の2つの比が等しいかどうか，比の値を求めて
調べましょう。

$8:6$ と $28:21$

$8:6 \Rightarrow 8 \div 6 = \dfrac{8}{6} = \dfrac{4}{3}$ 約分

$28:21 \Rightarrow 28 \div 21 = \dfrac{28}{21} = \dfrac{4}{3}$ 約分

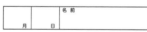
2つの比が等しければ，
□に＝をかこう。

$8:6 \boxed{=} 28:21$

P.7

比とその利用 (4)

	名 前
月 日	

● 比の両方の数に同じ数をかけて，等しい比をつくりましょう。

① ×2 で $2:3 = 4:6$ ×2

② ×3 で $5:4 = 15:12$ ×3

③ ×4 で $8:3 = 32:12$ ×4

④ ×3 で $3:7 = 9:21$ ×3

⑤ ×5 で $9:2 = 45:10$ ×5

比の両方の数に同じ数をかけてできる比は，
すべてもとの比に等しくなるよ。

P.8

比とその利用 (5)

名前　月　日

● 比の両方の数を同じ数でわって，等しい比をつくりましょう。

① $6:9 = \boxed{2}:\boxed{3}$　（÷3）

② $24:6 = \boxed{4}:\boxed{1}$　（÷6）

③ $10:15 = \boxed{2}:\boxed{3}$　（÷5）

④ $14:6 = 7:\boxed{3}$　（÷2）

⑤ $8:12 = \boxed{2}:3$　（÷4）

比の両方の数を同じ数でわってできる比は，すべてもとの比に等しくなるよ。

8

P.9

比とその利用 (6)

名前　月　日

● 12：16と等しい比で，できるだけ小さい整数の比を求めましょう。

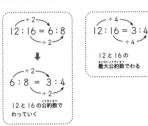

$12:16 = \boxed{3}:\boxed{4}$

比を，それと等しい比で，できるだけ小さい整数の比になおすことを「比を簡単にする」といいます。

● 次の比を簡単にしましょう。

① $30:18 = \boxed{5}:\boxed{3}$

$30:18 = \boxed{5}:\boxed{3}$　（÷6）

② $16:24 = \boxed{2}:\boxed{3}$

$16:24 = \boxed{2}:\boxed{3}$　（÷8）

③ $12:20 = \boxed{3}:\boxed{5}$

$12:20 = \boxed{3}:\boxed{5}$　（÷4）

9

P.10

比とその利用 (7)

名前　月　日

● 0.9：1.2の比を簡単にしましょう。

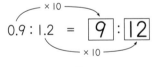❶10倍して整数の比にする

$0.9:1.2 = \boxed{9}:\boxed{12}$　（×10）

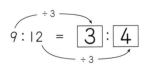❷できるだけ小さい整数の比にする

$9:12 = \boxed{3}:\boxed{4}$　（÷3）

● 次の比を簡単にしましょう。

① $0.6:0.8 = \boxed{6}:\boxed{8}$ ←10倍する
　　　　 $= \boxed{3}:\boxed{4}$ ←小さい整数の比にする

② $3.2:2.4 = \boxed{32}:\boxed{24}$ ←10倍する
　　　　 $= \boxed{4}:\boxed{3}$ ←小さい整数の比にする

③ $2:0.5 = \boxed{20}:\boxed{5}$ ←10倍する
　　　 $= \boxed{4}:\boxed{1}$ ←小さい整数の比にする

10

P.11

比とその利用 (8)

名前　月　日

● $\frac{3}{4}:\frac{2}{3}$ の比を簡単にしましょう。

㋐ 分母の4と3の公倍数をかける

$\frac{3}{4}:\frac{2}{3} = \left(\frac{3}{4}×\boxed{12}:\frac{2}{3}×\boxed{12}\right)$

$= \boxed{9}:\boxed{8}$

㋑ 通分する

$\frac{3}{4}:\frac{2}{3} = \frac{9}{12}:\frac{8}{12}$

$= \boxed{9}:\boxed{8}$

分数も整数の比になおして考えよう。

● 次の比を簡単にしましょう。（例）

① $\frac{7}{10}:\frac{4}{5} = \boxed{\frac{7}{10}}:\boxed{\frac{8}{10}}$
　　　 $= \boxed{7}:\boxed{8}$

② $\frac{5}{6}:\frac{4}{9} = \boxed{\frac{15}{18}}:\boxed{\frac{8}{18}}$
　　　 $= \boxed{15}:\boxed{8}$

③ $\frac{2}{5}:\frac{2}{3} = \boxed{\frac{6}{15}}:\boxed{\frac{10}{15}}$
　　　 $= \boxed{6}:\boxed{10}$　約分
　　　 $= \boxed{3}:\boxed{5}$

11

P.12

比とその利用（9）

	月	日	名前

ホットケーキを作るのに，小麦粉と砂糖の重さの比が
5：3になるように混ぜます。
小麦粉を200g使うとき，砂糖は何g必要ですか。

① 求める数を x として，上の場面を図に表します。
□にあてはまる数や文字を書きましょう。

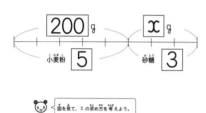

200 g	x g
小麦粉 5	砂糖 3

🐼 図を見て，x の求め方を考えよう。

② 砂糖の重さを x g として，比の式に
表して x を求めましょう。

$$5 : 3 = 200 : x$$
（×40）

$$x = 3 \times 40$$
$$= 120$$

答え　120 g

12

P.13

比とその利用（10）

	月	日	名前

たてと横の長さが4：7になるように，長方形の
形に紙を切ります。
横の長さを42cmにすると，たての長さは何cmに
すればいいですか。

① 求める数を x として，上の場面を図に表します。
□にあてはまる数や文字を書きましょう。

x cm	42 cm
たて 4	横 7

🐶 比を使って，答えを求めよう。

② たての長さを x cm として，比の式に
表して x を求めましょう。

$$4 : 7 = x : 42$$
（×6）

$$x = 4 \times 6$$
$$= 24$$

答え　24 cm

13

P.14

比とその利用（11）

	月	日	名前

80cmのリボンがあります。みうさんと妹の2人で
比が3：2になるように分けます。
みうさんのリボンの長さは何cmになりますか。

① みうさんのリボンの長さを x として，場面を図に表
します。□にあてはまる数や文字を書きましょう。

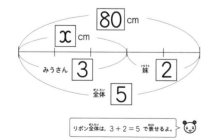

80 cm
x cm
みうさん 3 ・ 妹 2
全体 5

② 比の式に表して x を求めましょう。

$$3 : 5 = x : 80$$
（×16）

$$x = 3 \times 16$$
$$= 48$$

答え　48 cm

🐼 リボン全体は，3＋2＝5 で表せるよ。

14

P.15

比とその利用（12）

	月	日	名前

6年2組の児童数は28人です。朝，パンを
食べた人とごはんを食べた人の比は4：3です。
それぞれの人数は何人ですか。

① パンを食べた人数を x として，場面を図に表します。
□にあてはまる数や文字を書きましょう。

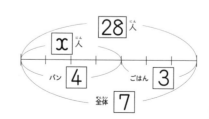

28 人
x 人
パン 4 ・ ごはん 3
全体 7

② 比の式に表して，パンを食べた人数を
求めましょう。

$$4 : 7 = x : 28$$
（×4）

$$x = 4 \times 4$$
$$= 16$$

答え　16 人

③ ごはんを食べた人数を求めましょう。

式　$28 - 16 = 12$

答え　12 人

15

P.16

拡大図と縮図（1）

名前　月　日

● りこさんは，パソコンでねこの写真の大きさを変えてみました。
もとの写真あと，い，う，えの写真を比べましょう。

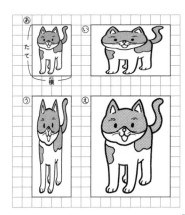

① あのたての長さだけを 2 倍にのばした形は
い～えのどれですか。 　**う**

② あの横の長さだけを 2 倍にのばした形は
い～えのどれですか。 　**い**

③ 大きさがちがっていても，あと同じ形といえるのは
い～えのどれですか。 　**え**

えのたての長さは，あのたての長さの **2** 倍，
えの横の長さは，あの横の長さの **2** 倍

P.17

拡大図と縮図（2）

名前　月　日

● 下のあといの 2 つの図形は，大きさはちがっても同じ形です。

① 対応する辺の長さを簡単な比で表しましょう。

・辺アイ：辺カキ ＝ **1** : **2**

・辺イウ：辺キク ＝ **1** : **2**

・辺ウア：辺クカ ＝ **1** : **2**

② 対応する角の大きさを調べて，あてはまる方に
○をしましょう。

・角アと角カの大きさは （**等しい**　等しくない）

・角イと角キの大きさは （**等しい**　等しくない）

・角ウと角クの大きさは （**等しい**　等しくない）

対応する辺の長さの比がどれも等しく，
対応する角の大きさがそれぞれ等しくなっているね。

③ □にあてはまる数を書きましょう。

・いは，あの **2** 倍の拡大図です。

・あは，いの $\frac{1}{2}$ の縮図です。

P.18

拡大図と縮図（3）

名前　月　日

● あの拡大図はどれですか。
また，それは何倍の拡大図ですか。

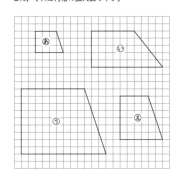

● あの縮図はどれですか。
また，それは何分の一の縮図ですか。

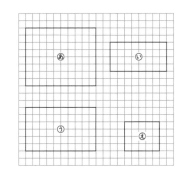

あの拡大図は **う** で，**3** 倍の拡大図

あの縮図は **え** で，$\frac{1}{2}$ の縮図

P.19

拡大図と縮図（4）

名前　月　日

● 三角形カキクは，三角形アイウの 2 倍の
拡大図です。

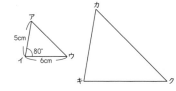

① 辺カキは 何cm ですか。 　**10** cm

② 辺キクは 何cm ですか。 　**12** cm

③ 角キは何度ですか。 　**80** °

● 四角形カキクケは，四角形アイウエの 1.5 倍の
拡大図です。

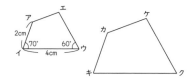

① 辺カキは 何cm ですか。 　**3** cm

② 辺キクは 何cm ですか。 　**6** cm

③ 角キは何度ですか。 　**70** °

④ 角クは何度ですか。 　**60** °

P.20

拡大図と縮図 (5)

	名前
月　日	

● 三角形カキクは，三角形アイウの $\frac{1}{2}$ の縮図です。

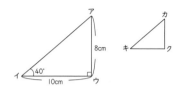 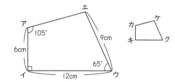

① 辺キクは 何cm ですか。　**5** cm

② 辺カクは 何cm ですか。　**4** cm

③ 角キは 何度ですか。　**40** °

④ 角クは 何度ですか。　**90** °

● 四角形カキクケは，四角形アイウエの $\frac{1}{3}$ の縮図です。

① 辺カキは 何cm ですか。　**2** cm

② 辺ケクは 何cm ですか。　**3** cm

③ 角カは 何度ですか。　**105** °

④ 角クは 何度ですか。　**65** °

P.21

拡大図と縮図 (6)

	名前
月　日	

● 下の三角形アイウを2倍に拡大した，三角形カキクの続きをかきましょう。

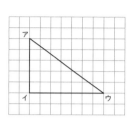

辺イウに対応する辺キクはかいてあるよ。2倍の拡大図なので，辺の長さはそれぞれ2倍になるね。

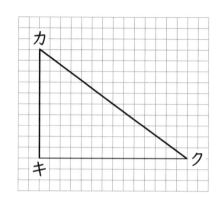

P.22

拡大図と縮図 (7)

	名前
月　日	

● 下の四角形アイウエの縮図と拡大図の続きをかきましょう。

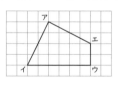

点アは，点イから右へ2，上へ4のところにあるね。

① 四角形アイウエを $\frac{1}{2}$ に縮小した四角形カキクケ

② 四角形アイウエを2倍に拡大した四角形カキクケ

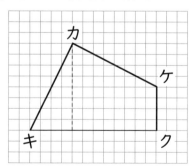

P.23

拡大図と縮図 (8)

	名前
月　日	

● 下の三角形アイウを2倍にした，三角形カキクの続きをかきましょう。

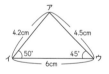

❶ 3つの辺の長さを使ってかく

❷ 2つの辺とその間の角を使ってかく

❸ 1つの辺とその間はしの角を使ってかく

❶，❷，❸，どのかき方でかいてもいいよ。

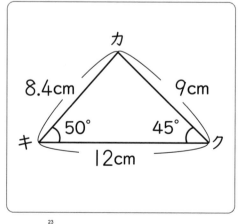

児童に実施させる前に，必ず指導される方が問題を解いてください。本書の解答は，あくまでも１つの例です。指導される方の作られた解答をもとに，本書の解答例を参考に児童の多様な考えに寄り添って○つけをお願いします。

解答

P.24

拡大図と縮図（9）

● 下の三角形 ABC を 2 倍に拡大した三角形 DBE を，頂点Bを中心にしてかきましょう。

① 辺 DB，辺 BE はそれぞれ何 cm ですか。

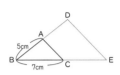

辺 DB = 10 cm

辺 BE = 14 cm

② 拡大図をかきましょう。

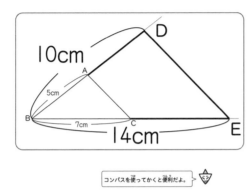

コンパスを使ってかくと便利だよ。

24

P.25

拡大図と縮図（10）

● 下の四角形 ABCD を 1/2 に縮小した四角形 EBFG を，頂点Bを中心にしてかきましょう。

① 辺 EB，辺 BF はそれぞれ何 cm ですか。また，直線 BG は何 cm ですか。

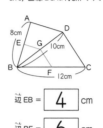

辺 EB = 4 cm

辺 BF = 6 cm

直線 BG = 5 cm

② 縮図をかきましょう。

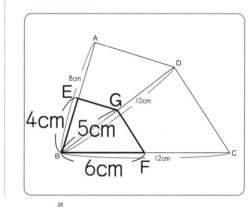

25

P.26

拡大図と縮図（11）

● 下の図は，家のまわりを縮図で表したものです。

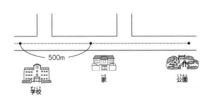

① 上の縮図では，家から学校までは何cmになっていますか。

5 cm

② 上の縮図で，1cmの長さは，実際には何mを表しますか。

100 m

③ 左の縮図は，実際の長さを何分の1に縮小したものですか。

答え 1/10000

④ 左の縮図では，家から公園までは何cmですか。

7 cm

⑤ 家から公園までの実際の道のりは何mですか。

7×10000 = 70000
70000cm = 700m

答え 700 m

P.27

円の面積（1）

● 円の面積を求める公式を考えましょう。

円を等分して，下のように並べていくよ。

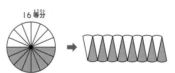

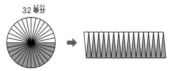

長方形になってきたよ。

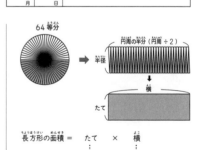

長方形の面積 ＝ たて × 横

円の面積 ＝ 半径 × 円周の半分
＝ 半径 × 直径×3.14÷2
＝ 半径 × 半径×3.14
（直径÷2）

円の面積 ＝ 半径 × 半径 × 3.14

95

解答

児童に実施させる前に，必ず指導される方が問題を解いてください。本書の解答は，あくまでも1つの例です。指導される方の作られた解答をもとに，本書の解答例を参考に児童の多様な考えに寄り添って○つけをお願いします。

P.28

円の面積 (2)

| | 月 | 日 | 名前 | |

● 次の円の面積を求めましょう。

円の面積 = 半径×半径×3.14

①
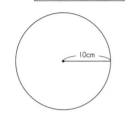
10cm

式

$\boxed{10} \times \boxed{10} \times 3.14 = \boxed{314}$

答え $\boxed{314}$ cm²

②
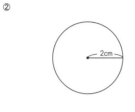
2cm

式

$\boxed{2} \times \boxed{2} \times 3.14 = \boxed{12.56}$

答え $\boxed{12.56}$ cm²

```
   3.14
×     4
 12.56
```

28

P.29

円の面積 (3)

| | 月 | 日 | 名前 | |

● 次の円の面積を求めましょう。　電たくで計算しよう

円の面積 = 半径×半径×3.14

①
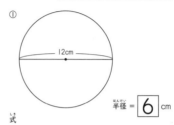
12cm

半径 = $\boxed{6}$ cm

式

$\boxed{6} \times \boxed{6} \times 3.14 = \boxed{113.04}$

答え $\boxed{113.04}$ cm²

②
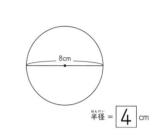
8cm

半径 = $\boxed{4}$ cm

式

$\boxed{4} \times \boxed{4} \times 3.14 = \boxed{50.24}$

答え $\boxed{50.24}$ cm²

29

P.30

円の面積 (4)

| | 月 | 日 | 名前 | |

● 次の円の面積を求めましょう。　電たくで計算しよう

ものさしで必要なところの長さをはかろう。

①

式

$\boxed{3} \times \boxed{3} \times 3.14 = \boxed{28.26}$

答え $\boxed{28.26}$ cm²

②
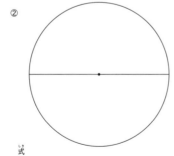

式

$\boxed{5} \times \boxed{5} \times 3.14 = \boxed{78.5}$

答え $\boxed{78.5}$ cm²

30

P.31

円の面積 (5)

| | 月 | 日 | 名前 | |

● 次の図の，色をぬった部分の面積を求めましょう。　電たくで計算しよう

①
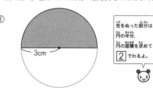
3cm

色をぬった部分は円の半分。円の面積を求めて2でわるよ。

円全体の面積
$\boxed{3} \times \boxed{3} \times 3.14 = \boxed{28.26}$

半円の面積
$\boxed{28.26} \div 2 = \boxed{14.13}$

答え $\boxed{14.13}$ cm²

②
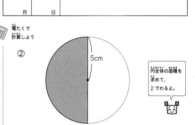
5cm

円全体の面積を求めて，2でわるよ。

円全体の面積
$\boxed{5} \times \boxed{5} \times 3.14 = \boxed{78.5}$

半円の面積
$\boxed{78.5} \div \boxed{2} = \boxed{39.25}$

答え $\boxed{39.25}$ cm²

31

P.32

円の面積 (6)

	月	日	名前	

● 次の図の，色をぬった部分の面積を求めましょう。 📱電たくで計算しよう

①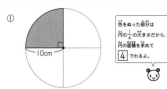

10cm

色をぬった部分は円の $\frac{1}{4}$ の大きさだから，円の面積を求めて，4 でわるよ。

円全体の面積
$$\boxed{10} \times \boxed{10} \times 3.14 = \boxed{314}$$

円の $\frac{1}{4}$ の面積
円全体の面積
$$\boxed{314} \div \boxed{4} = \boxed{78.5}$$

答え $\boxed{78.5}$ cm²

②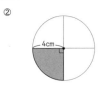

4cm

円全体の面積を求めて，4 でわるよ。

円全体の面積
$$\boxed{4} \times \boxed{4} \times 3.14 = \boxed{50.24}$$

円の $\frac{1}{4}$ の面積
$$\boxed{50.24} \div \boxed{4} = \boxed{12.56}$$

答え $\boxed{12.56}$ cm²

32

P.33

円の面積 (7)

	月	日	名前	

● 次の図形の面積を求めましょう。 📱電たくで計算しよう

①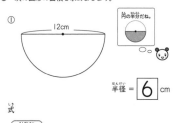

12cm

円の半分だね。

半径 = $\boxed{6}$ cm

式

円全体
$$\boxed{6} \times \boxed{6} \times 3.14 = \boxed{113.04}$$

図形の面積
$$\boxed{113.04} \div \boxed{2} = \boxed{56.52}$$

答え $\boxed{56.52}$ cm²

②

円の $\frac{1}{4}$ だね。

8cm

式

円全体
$$\boxed{8} \times \boxed{8} \times 3.14 = \boxed{200.96}$$

図形の面積
$$\boxed{200.96} \div \boxed{4} = \boxed{50.24}$$

答え $\boxed{50.24}$ cm²

33

P.34

円の面積 (8)

	月	日	名前	

● 次の図で，色をぬった部分の面積を求めましょう。

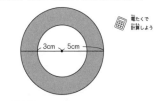

3cm　5cm

📱電たくで計算しよう

考え方
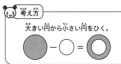
大きい円から小さい円をひく。

⬤ － ◯ = ⬤

大きい円の半径 = $\boxed{5}$ cm

小さい円の半径 = $\boxed{3}$ cm

① 大きい円の面積を求めましょう。
式 $\boxed{5} \times \boxed{5} \times 3.14 = \boxed{78.5}$
答え $\boxed{78.5}$ cm²

② 小さい円の面積を求めましょう。
式 $\boxed{3} \times \boxed{3} \times 3.14 = \boxed{28.26}$
答え $\boxed{28.26}$ cm²

③ 色をぬった部分の面積を求めましょう。
式 $\boxed{78.5} - \boxed{28.26} = \boxed{50.24}$
答え $\boxed{50.24}$ cm²

34

P.35

円の面積 (9)

	月	日	名前	

● 次の図形の面積を求めましょう。

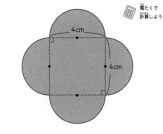

4cm

4cm

📱電たくで計算しよう

考え方
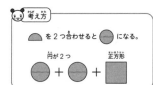
◖ を2つ合わせると ⬤ になる。

円が2つ　　正方形
◯ ＋ ◯ ＋ ▢

① 1つの円の面積を求めましょう。
円の半径 = $\boxed{2}$ cm
式 $\boxed{2} \times \boxed{2} \times 3.14 = \boxed{12.56}$
答え $\boxed{12.56}$ cm²

② 正方形の面積を求めましょう。
式 $\boxed{4 \times 4 = 16}$
答え $\boxed{16}$ cm²

③ 図形の面積を求めましょう。
1つの円の面積　　正方形の面積
式 $\boxed{12.56} \times 2 + \boxed{16} = \boxed{41.12}$
答え $\boxed{41.12}$ cm²

35

解答

児童に実施させる前に，必ず指導される方が問題を解いてください。本書の解答は，あくまでも1つの例です。指導される方の作られた解答をもとに，本書の解答例を参考に児童の多様な考えに寄り添って○つけをお願いします。

P.36

円の面積 (10)

月　日　名前

● 次の図で，色をぬった部分の面積を求めましょう。

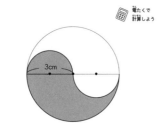

3cm

電たくで計算しよう

考え方
小さい半円を移動させると大きな円の半径になる。

① 大きな円の半径は 何cm ですか。

$\boxed{3}$ cm

② 色をぬった部分の面積を求めましょう。

式

円全体

$\boxed{3} \times \boxed{3} \times 3.14 = \boxed{28.26}$

半円

$\boxed{28.26} \div \boxed{2} = \boxed{14.13}$

答え $\boxed{14.13}$ cm²

36

P.37

立体の体積 (1)　　角柱の体積

月　日　名前

● 次の四角柱の体積を求めましょう。

4cm 3cm 2cm

① 直方体の体積を求める公式を使って求めましょう。

式

たて　横　高さ
$\boxed{2} \times \boxed{3} \times \boxed{4} = \boxed{24}$

1cm 2cm 3cm

答え $\boxed{24}$ cm³

② 四角柱の底面積を求め，体積を求めましょう。

4cm 3cm 2cm

立体の底面の面積を底面積といいます。

たて　横　面積
2 × 3 = 6
(cm) (cm) (cm²)

式

底面積　高さ
$\boxed{2} \times \boxed{3} \times \boxed{4} = \boxed{24}$

答え $\boxed{24}$ cm³

角柱の体積 ＝ 底面積 × 高さ

37

P.38

立体の体積 (2)　　角柱の体積

月　日　名前

● 次の四角柱の体積を求めましょう。

角柱の体積 ＝ 底面積 × 高さ

①

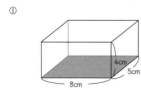

4cm 5cm 8cm

式

底面積　高さ
$\boxed{5} \times \boxed{8} \times \boxed{4} = \boxed{160}$

答え $\boxed{160}$ cm³

②

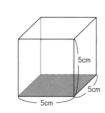

5cm 5cm 5cm

式

底面積　高さ
$\boxed{5} \times \boxed{5} \times \boxed{5} = \boxed{125}$

答え $\boxed{125}$ cm³

38

P.39

立体の体積 (3)　　角柱の体積

月　日　名前

● 次の四角柱の体積を求めましょう。

角柱の体積 ＝ 底面積 × 高さ

①

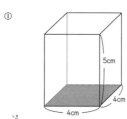

5cm 4cm 4cm

式

$\boxed{4} \times \boxed{4} \times \boxed{5} = \boxed{80}$

答え $\boxed{80}$ cm³

②

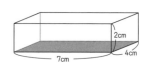

2cm 7cm 4cm

式

$\boxed{4} \times \boxed{7} \times \boxed{2} = \boxed{56}$

答え $\boxed{56}$ cm³

39

98

児童に実施させる前に，必ず指導される方が問題を解いてください。本書の解答は，あくまでも1つの例です。指導される方の作られた解答をもとに，本書の解答例を参考に児童の多様な考えに寄り添って○つけをお願いします。

立体の体積（4）　　角柱の体積

月　日　名前

● 次の三角柱の体積を，角柱の体積の公式を使って求めましょう。

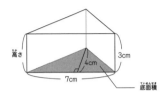

① 三角柱の底面積を求めましょう。

式　三角形の面積＝底辺×高さ÷2

$$\boxed{7} \times \boxed{4} \div 2 = \boxed{14}$$

答え $\boxed{14}$ cm²

② 三角柱の体積を求めましょう。

角柱の体積 ＝ 底面積×高さ

式

$$\boxed{7} \times \boxed{4} \div 2 \times \boxed{3} = \boxed{42}$$

答え $\boxed{42}$ cm³

どんな角柱の体積でも，底面積×高さ で求められるよ。

40

立体の体積（5）　　角柱の体積

月　日　名前

● 次の三角柱の体積を求めましょう。

角柱の体積 ＝ 底面積×高さ

①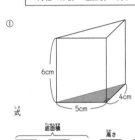

式

$$\boxed{5} \times \boxed{4} \div 2 \times \boxed{6} = \boxed{60}$$

答え $\boxed{60}$ cm³

②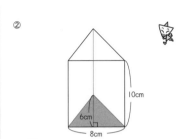

式

$$\boxed{8 \times 6 \div 2} \times \boxed{10} = \boxed{240}$$

答え $\boxed{240}$ cm³

41

立体の体積（6）　　角柱の体積

月　日　名前

● 次の三角柱の体積を求めましょう。

次の立体で底面はどこになるかな。

①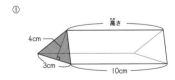

式

$$\boxed{3} \times \boxed{4} \div 2 \times \boxed{10} = \boxed{60}$$

答え $\boxed{60}$ cm³

②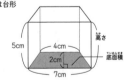

式

$$\boxed{6 \times 5 \div 2} \times \boxed{9} = \boxed{135}$$

答え $\boxed{135}$ cm³

42

立体の体積（7）　　角柱の体積

月　日　名前

● 次の四角柱の体積を，角柱の体積の公式を使って求めましょう。

角柱の体積 ＝ 底面積×高さ

① 底面は台形

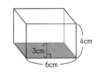

台形の面積は（上底＋下底）×高さ÷2 だね。

式

$$\boxed{(4} + \boxed{7)} \times \boxed{2} \div 2 \times \boxed{5} = \boxed{55}$$

答え $\boxed{55}$ cm³

② 底面は平行四辺形

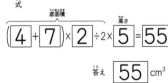

平行四辺形の面積は 底辺×高さ だね。

式

$$\boxed{6} \times \boxed{3} \times \boxed{4} = \boxed{72}$$

答え $\boxed{72}$ cm³

43

解答 ▷ 児童に実施させる前に，必ず指導される方が問題を解いてください。本書の解答は，あくまでも１つの例です。指導される方の作られた解答をもとに，本書の解答例を参考に児童の多様な考えに寄り添って○つけをお願いします。

P.44

立体の体積（8）　　円柱の体積　　　｜ 月 日 ｜ 名前 ｜

● 次の円柱の体積を 底面積×高さ で求めましょう。

20cm
10cm

① 円柱の底面積を求めましょう。

円の面積＝半径×半径×3.14

式

$10 \times 10 \times 3.14 = 314$

答え 314 cm²

② 円柱の体積を求めましょう。

式

<u>底面積</u>　　　　<u>高さ</u>
$10 \times 10 \times 3.14 \times 20 = 6280$

答え 6280 cm³

円柱の体積も，
底面積×高さ で求められるよ。

44

P.45

立体の体積（9）　　円柱の体積　　　｜ 月 日 ｜ 名前 ｜

● 次の円柱の体積を求めましょう。　　電たくで計算しよう

円柱の体積＝底面積×高さ

①

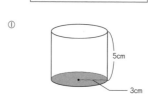
5cm
3cm

式

<u>底面積</u>　　　　<u>高さ</u>
$3 \times 3 \times 3.14 \times 5 = 141.3$

答え 141.3 cm³

②

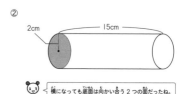
2cm
15cm

横になっても底面は向かい合う２つの面だったね。

式

<u>底面積</u>　　　　<u>高さ</u>
$2 \times 2 \times 3.14 \times 15 = 188.4$

答え 188.4 cm³

45

P.46

立体の体積（10）　　　｜ 月 日 ｜ 名前 ｜

● 次の立体の体積を求めましょう。

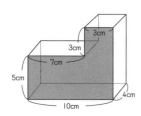
3cm
3cm
7cm
5cm
10cm
4cm

色をぬった部分を底面積として，
底面積×高さ で求めよう。

① 上の立体の高さは何 cm ですか。

4 cm

② 底面積を求めましょう。

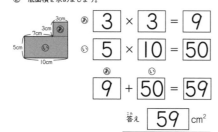
3cm
3cm
あ
7cm
い
5cm
10cm

あ　$3 \times 3 = 9$
い　$5 \times 10 = 50$

あ　　　い
$9 + 50 = 59$

答え 59 cm²

③ 体積を求めましょう。

式 <u>底面積</u>　<u>高さ</u>
$59 \times 4 = 236$

答え 236 cm³

46

P.47

およその面積と体積（1）　　　｜ 月 日 ｜ 名前 ｜

● 右のような形の公園の およその面積を求めましょう。

公園はおよそどんな形にみれるかな。

300m
400m

平行四辺形とみて計算しよう。

式

<u>底辺</u>　　<u>高さ</u>
$400 \times 300 = 120000$

答え 約 120000 m²

● 右のような形の池の およその面積を求めましょう。

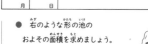

池はおよそどんな形といえるかな。

400m
500m

三角形とみて計算しよう。

式

<u>底辺</u>　　<u>高さ</u>
$500 \times 400 \div 2 = 100000$

答え 約 100000 m²

47

100

児童に実施させる前に，必ず指導される方が問題を解いてください。本書の解答は，あくまでも１つの例です。指導される方の作られた解答をもとに，本書の解答例を参考に児童の多様な考えに寄り添って○つけをお願いします。 **解答**

P.48

およその面積と体積 (2)

	名前
月 日	

● 右の浴そうのおよその容積を求めましょう。

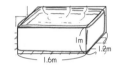

浴そうはおよそどんな形といえるかな。

直方体とみて計算しよう。

式

$$\fbox{1.2} \times \fbox{1.6} \times \fbox{1} = \fbox{1.92}$$

たて　横　高さ

答え　約　$\fbox{1.92}$ m³

● 右のロールケーキのおよその体積を求めましょう。

ロールケーキは円柱の形にみえるね。

4cm

20cm

電たくで計算しよう

式

底面積
半径　半径　　高さ

$$\fbox{4} \times \fbox{4} \times 3.14 \times \fbox{20} = \fbox{1004.8}$$

答え　約　$\fbox{1004.8}$ cm³

48

P.49

比 例 (1)

	名前
月 日	

● ともなって変わる２つの数量の変わり方を表にまとめましょう。

① １枚の重さが8gの紙の 枚数 と 重さ

枚数		重さ	
1枚 の重さは		8	g
2枚 の重さは		16	g
3枚 の重さは		24	g
4枚 の重さは		32	g
5枚 の重さは		40	g

紙の枚数を x枚，紙の重さを yg とするよ。

枚数ｘ（枚）	1	2	3	4	5
重さｙ（g）	8	16	24	32	40

② たての長さが3cmの長方形の 横の長さ と 面積

3cm

1cm

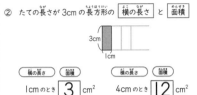

横の長さ	面積		横の長さ	面積	
1cmのとき	3	cm²	4cmのとき	12	cm²
2cmのとき	6	cm²	5cmのとき	15	cm²
3cmのとき	9	cm²	⋮		

横の長さを xcm，面積を ycm² とするよ。

横の長さｘ（cm）	1	2	3	4	5
面積ｙ（cm²）	3	6	9	12	15

49

P.50

比 例 (2)

	名前
月 日	

● ともなって変わる２つの数量の変わり方を表にまとめましょう。

① 底面積が10cm²の四角柱の 高さ と 体積

高さ	体積		高さ	体積	
1cmのとき	10	cm³	4cmのとき	40	cm³
2cmのとき	20	cm³	5cmのとき	50	cm³
3cmのとき	30	cm³	⋮		

高さを xcm，体積を ycm³ とするよ。

高さｘ（cm）	1	2	3	4	5
体積ｙ（cm³）	10	20	30	40	50

② 時速50kmで走る自動車の 時間 と 道のり

時間		道のり	
1時間 走ると		50	km進む
2時間 走ると		100	km進む
3時間 走ると		150	km進む
4時間 走ると		200	km進む
5時間 走ると		250	km進む

時間を x時間，道のりを ykm とするよ。

時間ｘ（時間）	1	2	3	4	5
道のりｙ（km）	50	100	150	200	250

50

P.51

比 例 (3)

	名前
月 日	

● 直方体の形をした水そうに水を入れます。下の表は，1分間に3cmの水を入れるときの 時間 とたまった 水の深さ の２つの量の関係を表したものです。

3cm

1分　　2分　　3分

① ⑦，⑦，⑦ にあてはまる数を書きましょう。

⑦ $\fbox{2}$　　⑦ $\fbox{3}$　　⑦ $\fbox{2}$

② □ にあてはまることばや数を書きましょう。

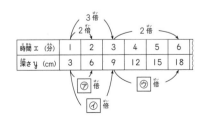

3倍
2倍
2倍

時間ｘ（分）	1	2	3	4	5	6
深さｙ（cm）	3	6	9	12	15	18

⑦倍　　⑦倍
⑦倍

２つの量 x と y があり，x の値が2倍，3倍，…になると，y の値も $\fbox{2}$ 倍，$\fbox{3}$ 倍，…になるとき，y は x に **比例** するといいます。

51

101

P.52

比 例 (4)

| 月 | 日 | 名前 | |

● たての長さが7cmの長方形の横の長さを1cm，2cm，…と変えていきます。下の表は，長方形の 横の長さ と 面積 の2つの量の関係を表したものです。

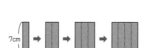
7cm → 1cm 2cm 3cm 4cm

横の長さをxcm，面積をycm²とするよ。

横の長さx (cm)	1	2	3	4	5	6
面積y (cm²)	7	14	21	28	35	42

① xの値が2倍，3倍，…になると，yの値は何倍になっていますか。

2 倍，**3** 倍，…になる。

② y（面積）はx（横の長さ）に比例していますか。

(**比例している** 比例していない)
どちらかに○をつけよう

③ yの値をxの値でわってみましょう。

横の長さ x (cm)	1	2	3	4	5	6
面積 y (cm²)	7	14	21	28	35	42
y÷x	7	7	7	7	7	7

決まった数

④ □にあてはまる数を入れて，xとyの関係を式に表しましょう。

決まった数
$y = \boxed{7} \times x$

52

P.53

比 例 (5)

| 月 | 日 | 名前 | |

● 下の表は，分速40mで歩く人の，歩いた 時間 と進んだ 道のり の比例する2つの関係を表したものです。

歩いた時間をx分，道のりをymとしているよ。

時間x (分)	1	2	3	4	5	6
道のりy (m)	40	80	120	160	200	240

① yの値をxの値でわると，いつもどんな数になりますか。

$y ÷ x = \boxed{40}$
決まった数

② □にあてはまる数を入れて，xとyの関係を式に表しましょう。

決まった数
$y = \boxed{40} \times x$

● 下の表は，直方体の形をした水そうに，1分間に深さ5cmの水を入れるときの 時間 と水の 深さ の2つの比例する関係を表したものです。

水を入れる時間をx分，水の深さをycmとしているよ。

時間x (分)	1	2	3	4	5	6
深さy (cm)	5	10	15	20	25	30

① yの値をxの値でわると，いつもどんな数になりますか。

$y ÷ x = \boxed{5}$
決まった数

② □にあてはまる数を入れて，xとyの関係を式に表しましょう。

決まった数
$y = \boxed{5} \times x$

53

P.54

比 例 (6)

| 月 | 日 | 名前 | |

● 底辺が6cmの平行四辺形の高さを1cm，2cm，…と変えていくときの 高さ と 面積 の2つの量の関係を調べましょう。

① 高さをxcm，面積をycm²として，2つの量の関係を表にまとめましょう。

高さx (cm)	1	2	3	4	5	6	7
面積y (cm²)	6	12	18	24	30	36	42

② y（面積）はx（高さ）に比例していますか。

(**比例している** 比例していない)
どちらかに○をつけよう

xの値が2倍，3倍，…になると，yの値も2倍，3倍，…になっているかな。

1cm
6cm 6cm 6cm 6cm
6cm² **12** cm² **18** cm² **24** cm²

③ yの値をxの値でわると，いつもどんな数になりますか。

$y ÷ x = \boxed{6}$
決まった数

④ □にあてはまる数を入れて，xとyの関係を式に表しましょう。

決まった数
$y = \boxed{6} \times x$

54

P.55

比 例 (7)

| 月 | 日 | 名前 | |

● 1mの重さが70gの針金があります。長さを1m，2m，…と変えていくときの針金の 長さ と 重さ の2つの量の関係を調べましょう。

① 針金の長さをxm，重さをygとして，2つの量の関係を表にまとめましょう。

長さx (m)	1	2	3	4	5	6	7
重さy (g)	70	140	210	280	350	420	490

② y（重さ）はx（長さ）に比例していますか。

(**比例している** 比例していない)
どちらかに○をつけよう

③ yの値をxの値でわると，いつもどんな数になりますか。

$y ÷ x = \boxed{70}$
決まった数

④ □にあてはまる数を入れて，xとyの関係を式に表しましょう。

決まった数
$y = \boxed{70} \times x$

⑤ 長さ（x）が9mのとき，重さ（y）は何gですか。

y＝決まった数×x の式にあてはめるといいね。

式 $70 \times 9 = 630$

答え **630g**

55

P.56

比例 (8)

● 下の表は，底辺が 4cm の平行四辺形の高さを変えて いくときの 高さ と 面積 の２つの量の関係を 表したものです。

高さを x cm，面積を y cm² とするよ。

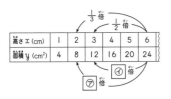

高さ x (cm)	1	2	3	4	5	6
面積 y (cm²)	4	8	12	16	20	24

① ⑦，④にあてはまる数を書きましょう。

⑦ $\dfrac{1}{3}$　④ $\dfrac{1}{2}$

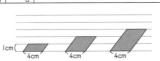
1cm 4cm 4cm 4cm

② y（面積）は x（高さ）に比例していますか。

（ 比例している ・ 比例していない ）
どちらかに○をつけよう

③ y ÷ x の商はいつもどんな数になりますか。

$y \div x = \boxed{4}$
決まった数

④ □にあてはまる数を入れて，x と y の関係を 式に表しましょう。
決まった数
$y = \boxed{4} \times x$

P.57

比例 (9)

● 下の表は，時速 30km で走る自転車の，走った 時間 と進んだ 道のり の２つの量の関係を 表したものです。

走った時間を x 時間，進んだ道のりを y km としているよ。

1.5倍　$\frac{5}{3}$倍

時間 x (時間)	1	2	3	4	5	6
道のり y (km)	30	60	90	120	150	180

⑦倍　④倍
決まった数

① y（道のり）は x（時間）に比例していますか。

（ 比例している ・ 比例していない ）
どちらかに○をつけよう

② ⑦，④にあてはまる数を書きましょう。

⑦ $\boxed{1.5}$　④ $\boxed{\dfrac{5}{3}}$

③ y ÷ x の商はいつもどんな数になりますか。

$y \div x = \boxed{30}$
決まった数

④ □にあてはまる数を入れて，x と y の関係を 式に表しましょう。
決まった数
$y = \boxed{30} \times x$

P.58

比例 (10)

● 下の表は，1m が 3kg の鉄のぼうの 長さ と 重さ の２つの量の関係を表したものです。

長さを x m，重さを y kg としているよ。

⑦倍　⑦倍
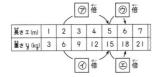

長さ x (m)	1	2	3	4	5	6	7
重さ y (kg)	3	6	9	12	15	18	21

④倍　④倍

① y（重さ）は x（長さ）に比例していますか。

（ 比例している ）

② ⑦〜④に入る分数を書きましょう。

⑦ $\dfrac{5}{2}$　④ $\dfrac{5}{2}$　⑦ $\dfrac{6}{5}$　④ $\dfrac{6}{5}$

● 下の表は，底面積が 15cm² の三角柱の 高さ と 体積 の２つの量の関係を表したものです。

高さを x cm，体積を y cm³ としているよ。

⑦倍　⑦倍
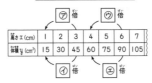

高さ x (cm)	1	2	3	4	5	6	7
体積 y (cm³)	15	30	45	60	75	90	105

④倍　④倍

① y（体積）は x（高さ）に比例していますか。

（ 比例している ）

② ⑦〜④に入る分数を書きましょう。

⑦ $\dfrac{1}{3}$　④ $\dfrac{1}{3}$　⑦ $\dfrac{2}{3}$　④ $\dfrac{2}{3}$

P.59

比例 (11)

● 下の表は，1m が 20g の針金の 長さ x m と 重さ y g の比例の関係を表したものです。 x と y の関係をグラフに表しましょう。

長さ x (m)	0	1	2	3	4	5	6	7
重さ y (g)	0	20	40	60	80	100	120	140

グラフのかき方

❶ 長さ x m を横じくに，重さ y g をたてじくにとる。

❷ 長さが 1m のとき，重さは 20g なので， 横じくの 1，たてじくの 20 が交わったところ （あ）に点をとる。

❸ 同じように x の値に対応する y の値になる点をとる。

❹ 0の点を通るように点を直線で結ぶ。

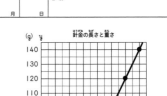

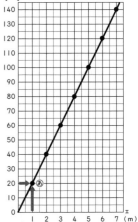
針金の長さと重さ

P.60

比例 (12)

	月	日	名前	

● 下の表は，直方体の水そうに水を入れた 時間x分 と たまった水の 深さ$y$cm² の比例の関係を表したものです。

時間x（分）	0	1	2	3	4	5	6
深さy（cm）	0	3	6	9	12	15	18

① xとyの関係をグラフに表しましょう。

② xの値が次の㋐，㋑のときのyの値を求めましょう。

時間x分と深さ$y$cmの関係を表す式 $y = 3 \times x$ を使って求めよう。

㋐ xの値が0.5

式 $3 \times 0.5 = 1.5$　　$y =$ 1.5

㋑ xの値が2.5

式 $3 \times 2.5 = 7.5$　　$y =$ 7.5

③ xの値が0.5, 2.5のときのyの値が，グラフの直線上にあるか確かめましょう。　**略**

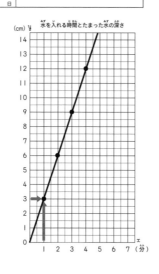

水を入れる時間とたまった水の深さ

P.61

比例 (13)

	月	日	名前	

● 下のグラフは，自動車の走った 時間x時間 と進んだ 道のり$y$km の関係を表したものです。

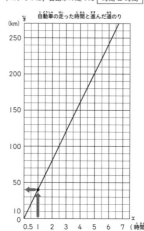

自動車の走った時間と進んだ道のり

① この自動車の時速は何kmですか。

1時間で走る道のりは
時速 40 km

② xとyの関係を式で表しましょう。

決まった数
$y =$ 40 $\times x$

③ 2.5時間走ると何km進みますか。

xが2.5のときのyの値を読み取ろう。
100 km

④ 220km走るのにかかった時間は何時間ですか。

yが220のときのxの値を読み取ろう。
5.5 時間

P.62

比例 (14)

	月	日	名前	

● 印刷用紙10枚の重さをはかったら36gでした。この印刷用紙200枚では何gになりますか。

㋐と㋑の2つの方法で考えてみよう。

枚数x（枚）	10	200
重さy（g）	36	?

㋐ 印刷用紙1枚の重さから求める

① この印刷用紙1枚の重さを求めましょう。

式 $36 \div 10 = 3.6$
答え 3.6 g

② 1枚の重さをもとに，200枚の重さを求めましょう。

式 $3.6 \times 200 = 720$
答え 720 g

㋑ 比例の関係を使って求める

① □にあてはまる数を書きましょう。

20倍

枚数x（枚）	10	200
重さy（g）	36	?

20倍

枚数と重さは比例していると考えるよ。

② ①をもとに，200枚の重さを求めましょう。

式 $36 \times 20 = 720$
答え 720 g

P.63

反比例 (1)

	月	日	名前	

● ともなって変わる2つの数量の変わり方を表にまとめましょう。

① 面積が8cm²の長方形の たての長さ と 横の長さ

1cm □cm
8cm² ➡ 2cm □cm 8cm² ➡ ……

たての長さ	横の長さ
1cm のとき	8 cm
2cm のとき	4 cm
4cm のとき	2 cm
8cm のとき	1 cm

たての長さを$x$cm，横の長さを$y$cmとするよ。

たての長さx（cm）	1	2	4	8
横の長さy（cm）	8	4	2	1

② 12個のあめを等分したときの 人数 と 1人分の個数

人数	1人分		人数	1人分
1人に分けると	12 個		4人に分けると	3 個
2人に分けると	6 個		6人に分けると	2 個
3人に分けると	4 個		12人に分けると	1 個

人数をx人，1人分の個数をy個とするよ。

人数x（人）	1	2	3	4	6	12
1人分の個数y（個）	12	6	4	3	2	1

P.64

反比例 (2)

	月	日	名前	

● 下の表は，面積が 12cm² の長方形の たての長さ と 横の長さ の２つの量の関係を表したものです。

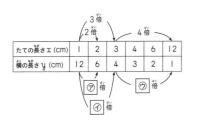

① ⑦，⑦，⑦ にあてはまる分数を書きましょう。

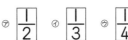

⑦ $\dfrac{1}{2}$　　⑦ $\dfrac{1}{3}$　　⑦ $\dfrac{1}{4}$

② □ にあてはまることばや数を書きましょう。

２つの量 x と y があり，x の値が2倍，3倍，…になると，y の値が $\dfrac{1}{2}$ 倍，$\dfrac{1}{3}$ 倍，…になるとき，

y は x に **反比例** するといいます。

P.65

反比例 (3)

	月	日	名前	

● 下の表は，面積が 24cm² の長方形の たての長さ と 横の長さ の２つの量の関係を表したものです。

たての長さ x (cm)	1	2	3	4	6	8	12	24
横の長さ y (cm)	24	12	8	6	4	3	2	1

① 上の表の⑦，⑦にあてはまる分数を書きましょう。

⑦ $\dfrac{1}{2}$　　⑦ $\dfrac{1}{3}$

② y（横の長さ）は x（たての長さ）に反比例していますか。

（**反比例している**）

③ x の値と y の値をかけてみましょう。そして，□ に入る数を書きましょう。

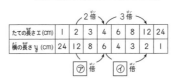

たての長さ x (cm)	1	2	3	4	6	8	12	24
横の長さ y (cm)	24	12	8	6	4	3	2	1
$x \times y$	24	24	24	24	24	24	24	24

$$x \times y = \boxed{24}$$ 決まった数

④ □ にあてはまる数を入れて，x と y の関係を式に表しましょう。

$$y = \boxed{24} \div x$$ 決まった数

P.66

反比例 (4)

	月	日	名前	

● 下の表は，36km の道のりを進むときの 時速 とかかる 時間 の２つの量の関係を表したものです。

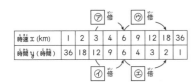

時速 x (km)	1	2	3	4	6	9	12	18	36
時間 y (時間)	36	18	12	9	6	4	3	2	1

① 上の表の⑦〜⑦にあてはまる数を書きましょう。

⑦ 2　　⑦ $\dfrac{1}{2}$　　⑦ 3　　⑦ $\dfrac{1}{3}$

② y（時間）は x（時速）に反比例していますか。

（**反比例している**）

③ x の値と y の値をかけると，いつもどんな数になりますか。

$$x \times y = \boxed{36}$$ 決まった数

④ □ にあてはまる数を入れて，x と y の関係を式に表しましょう。

$$y = \boxed{36} \div x$$ 決まった数

P.67

反比例 (5)

	月	日	名前	

● 深さが 48cm の水そうに水をいっぱいに入れます。１分あたりに入る 水の深さ と水を入れるのに かかる時間 の２つの量の関係を調べましょう。

① １分あたりに入る水の深さを x cm，かかる時間を y 分として，２つの量の関係を表にまとめましょう。

１分あたりに入る水の深さ x (cm)	1	2	3	4	6	8	12	16	24	48
水を入れるのにかかる時間 y (分)	48	24	16	12	8	6	4	3	2	1

2cmずつ水を入れると，48cmになるまでに何分かかるかな。

② y（時間）は x（水の深さ）に反比例していますか。

（**反比例している**）

③ x の値と y の値をかけると，いつもどんな数になりますか。

$$x \times y = \boxed{48}$$ 決まった数

④ □ にあてはまる数を入れて，x と y の関係を式に表しましょう。

$$y = \boxed{48} \div x$$ 決まった数

⑤ 水の深さ（x）が 1.5cm のとき，水を入れるのにかかる時間（y）は何分ですか。

y＝決まった数÷x の式にあてはめるといいね。

式

$$48 \div 1.5 = 32$$　答え $\boxed{32分}$

P.68

反比例 (6)

名前	
月 日	

● 体積が60cm³の四角柱の 底面積 と 高さ の反比例する2つの量の関係を調べましょう。

① 底面積を x cm²，高さを y cm として，反比例する2つの量の関係を表にまとめましょう。

底面積 x (cm²)	1	2	3	4	5	6	10	20	30	60
高さ y (cm)	60	30	20	15	12	10	6	3	2	1

② x × y の積は，いつもどんな数になりますか。

$$x \times y = \boxed{60}$$
決まった数

③ x と y の関係を式で表しましょう。

$$y = \boxed{60} \div x$$
決まった数

④ 底面積（x）が次の⑦，①のときの高さ（y）を求めましょう。

$y=$ 決まった数 $\div x$ の式にあてはめてみよう。

⑦ x が 8cm² のとき
式
$$60 \div 8 = 7.5$$ 答え $\boxed{7.5cm}$

① x が 40cm² のとき
式
$$60 \div 40 = 1.5$$ 答え $\boxed{1.5cm}$

68

P.69

反比例 (7)

名前	
月 日	

● 下の表は，面積が20cm²の平行四辺形の 底辺 と 高さ の2つの量の関係を表したものです。

底辺を x cm，高さを y cm としているよ。

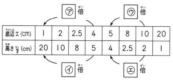

底辺 x (cm)	1	2	2.5	4	5	8	10	20
高さ y (cm)	20	10	8	5	4	2.5	2	1

① ⑦～①にあてはまる数を書きましょう。

⑦ $\boxed{\frac{1}{4}}$ ① $\boxed{4}$ ⑦ $\boxed{\frac{1}{2}}$ ① $\boxed{2}$

② y（高さ）は x（底辺）に反比例していますか。

（反比例している）

x の値が $\frac{1}{2}$ 倍，$\frac{1}{3}$ 倍…になると，y の値は2倍，3倍に，…になるね。

③ x × y の積は，いつもどんな数になりますか。

$$x \times y = \boxed{20}$$
決まった数

④ x と y の関係を式で表しましょう。

$$y = \boxed{20} \div x$$
決まった数

69

P.70

反比例 (8)

名前	
月 日	

● 下の表は，面積が12cm²の長方形の たての長さ x cm と 横の長さ y cm の反比例の関係を表したものです。

たての長さ x (cm)	1	2	3	4	5	6	8	10	12
横の長さ y (cm)	12	6	4	3	2.4	2	1.5	1.2	1

グラフのかき方

❶ たての長さ x cm を横じくに，横の長さ y cm をたてじくにとる。

❷ たての長さ（x）が1cmのとき，横の長さ（y）は12cmなので，横じくの1とたてじくの12が交わったところ（あ）に点をとる。

❸ 同じように x の値に対応する y の値になる点をとる。

❹ とった点をなめらかな曲線で結ぶ。

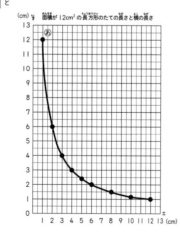
(cm) y 面積が12cm²の長方形のたての長さと横の長さ

70

P.71

反比例 (9)

名前	
月 日	

● 下の表は，深さが48cmの水そうに水をいっぱい入れるときの，1分あたりに入る 水の深さ x cm と 水を入れるのに かかる時間 y 分 の反比例の関係を表したものです。

x と y の関係をグラフに表しましょう。

1分あたりに入る水の深さ x (cm)	1	2	3	4	5	6
水を入れるのにかかる時間 y (分)	48	24	16	12	9.6	8

	8	10	12	16	24	48
	6	4.8	4	3	2	1

点をつなぐとなめらかな曲線になったかな。

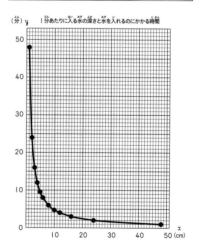
(分) y 1分あたりに入る水の深さと水を入れるのにかかる時間

71

106

P.72

反比例 (10)

月　日　名前

● 次の ⑦〜⑦ の x と y の関係について，あてはまるものに○をしましょう。

⑦ 面積が 20cm² の平行四辺形の底辺 $x$cm と高さ $y$cm

底辺の長さ x (cm)	1	2	4	5	10	20
高さ y (cm)	20	10	5	4	2	1

（　比例　・　(反比例)　・　どちらでもない　）

⑦ まわりの長さが 12cm の長方形のたての長さ $x$cm と横の長さ $y$cm

たての長さ x (cm)	1	2	3	4	5
横の長さ y (cm)	5	4	3	2	1

（　比例　・　反比例　・　(どちらでもない)　）

⑦ 底面積が 30cm² の三角柱の高さ $x$cm と体積 $y$cm³

高さ x (cm)	1	2	3	4	5
体積 y (cm³)	30	60	90	120	150

（　(比例)　・　反比例　・　どちらでもない　）

比例 と 反比例

・2つの数量 x と y が比例するとき，x の値が2倍，3倍，…になると，対応する y の値も 2倍，3倍，…になります。

・2つの数量 x と y が反比例するとき，x の値が2倍，3倍，…になると，対応する y の値は $\frac{1}{2}$倍，$\frac{1}{3}$倍，…になります。

72

P.73

並べ方と組み合わせ方 (1)

月　日　名前

● 遊園地で，ゴーカート，ひこうき，ジェットコースターに乗りたいと思います。乗る順番は何通りありますか。

 ゴーカート　 ひこうき　 ジェットコースター

① 1番めを決めて表に順番を書きましょう。

⑦ 1番めがゴーカートの場合

1番め	2番め	3番め
ゴ	ひ	ジ
ゴ	ジ	ひ

⑦ 1番めがひこうきの場合

1番め	2番め	3番め
ひ	ゴ	ジ
ひ	ジ	ゴ

⑦ 1番めがジェットコースターの場合

1番め	2番め	3番め
ジ	ゴ	ひ
ジ	ひ	ゴ

② 乗る順番は全部で何通りありますか。

6 通り

73

P.74

並べ方と組み合わせ方 (2)

月　日　名前

● 遊園地で，ゴーカート，ひこうき，ジェットコースターに乗ります。乗る順番を下の表にまとめました。この表を図に表してみましょう。

（　ゴーカート ➡ ゴ　，　ひこうき ➡ ひ　，　ジェットコースター ➡ ジ　）

1番め	2番め	3番め
ゴ	ひ	ジ
ゴ	ジ	ひ
ひ	ゴ	ジ
ひ	ジ	ゴ
ジ	ゴ	ひ
ジ	ひ	ゴ

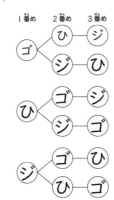

 乗る順番は6通りあるね。

74

P.75

並べ方と組み合わせ方 (3)

月　日　名前

● さくらさん，ようすけさん，かいとさんの3人でリレーのチームをつくります。3人が走る順番を調べましょう。

 さくら　 ようすけ　 かいと

① どんな順番があるか図で調べましょう。

⑦ 第1走者がさくらさんの場合

第1　第2　第3
さ —— よ —— か
　　　　か —— よ

⑦ 第1走者がようすけさんの場合

第1　第2　第3
よ —— さ —— か
　　　　か —— さ

⑦ 第1走者がかいとさんの場合

第1　第2　第3
か —— さ —— よ
　　　　よ —— さ

② 3人で走る場合，走る順番は全部で何通りありますか。

6 通り

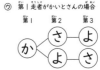 図を使うと，落ちや重なりがなく調べられるね。

75

107

P.76

並べ方と組み合わせ方（4）

月　日　名前

● あいさん，かいとさん，さくらさん，たくやさんの4人でリレーのチームをつくります。
4人が走る順番を調べましょう。

① 第1走者がさくらさん，たくやさんの場合の順番を調べましょう。

⑦ 第1走者がさくらさんの場合

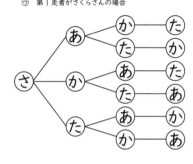

⑪ 第1走者がたくやさんの場合

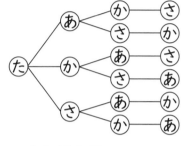

② 4人で走る場合，走る順番は全部で何通りありますか。　**24** 通り

76

P.77

並べ方と組み合わせ方（5）

月　日　名前

● 1，2，3の3枚のカードを使って3けたの整数をつくります。

① どんな整数ができるか図を使って調べましょう。

⑦ 百の位が1の場合

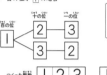

（百の位が1の場合，2通りの整数ができるね。）

つくった整数　**1 2 3，1 3 2**

⑪ 百の位が2の場合

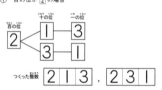

つくった整数　**2 1 3，2 3 1**

⑨ 百の位が3の場合

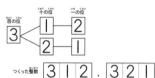

つくった整数　**3 1 2，3 2 1**

② 全部で何通りの整数ができますか。　**6** 通り

77

P.78

並べ方と組み合わせ方（6）

月　日　名前

● 1，2，3，4の4枚のカードから2枚を使って，2けたの整数をつくります。

① どんな整数ができるか図を使って調べましょう。

⑦ 十の位を1にした場合

（1，2，3，4のカードは1枚ずつだから11はできないね。）

1 2，1 3，1 4

⑪ 十の位を2にした場合

2 1，2 3，2 4

⑨ 十の位を3にした場合

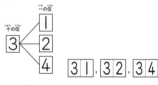

3 1，3 2，3 4

⑫ 十の位を4にした場合

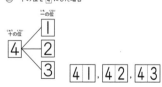

4 1，4 2，4 3

② 2けたの整数は全部で何通りありますか。　**12** 通り

78

P.79

並べ方と組み合わせ方（7）

月　日　名前

● コインを投げて，表が出るか裏が出るかを調べます。
3回続けて投げたときの表と裏の出方を調べましょう。

① どんな出方があるか図を使って調べましょう。
表が出た場合は「○」，裏が出た場合は「×」を書きましょう。

⑦ 1回めに表が出た場合

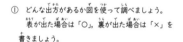

表と裏の出方

⑪ 1回めに裏が出た場合

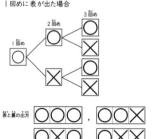

② 表と裏の出方は全部で何通りありますか。　**8** 通り

79

108

P.80

並べ方と組み合わせ方 (8)

	月	日	名前

● A，B，C，D の４チームでドッジボールの試合をします。
どのチームとも１回ずつ試合をするとき，どんな試合の組み合わせがあるかを調べましょう。

① 図を使って調べましょう。

⑦ Aチームと試合をするチーム
A-Ⓑ ・ A-Ⓒ ・ A-Ⓓ

A-Bと B-Aのように同じ試合は，どちらかを消すよ。

⑦ Bチームと試合をするチーム
~~B-A~~ ・ B-Ⓒ ・ B-Ⓓ

⑦ Cチームと試合をするチーム
~~C-A~~ ・ ~~C-B~~ ・ C-Ⓓ

⑦ Dチームと試合をするチーム
~~D-A~~ ・ ~~D-B~~ ・ ~~D-C~~

② 試合の組み合わせをすべて書きましょう。

A-B	A-C	A-D
B-C	B-D	C-D

③ 全部で何通りの組み合わせがありますか。
6 通り

80

P.81

並べ方と組み合わせ方 (9)

	月	日	名前

● A，B，C，D，E の５チームで，どのチームとも１回ずつあたるように試合をします。
どんな試合の組み合わせがあるかを調べましょう。

① 表を使って調べましょう。

表のかき方
❶ A対A，B対Bなど，同じチームとの試合はないので，そのマスは線をひく。
❷ A対BとB対Aなど，同じ試合の場合は，どちらかを×にする。

	A	B	C	D	E
A	A対B	〇	〇	〇	〇
B	B対A×		〇	〇	〇
C	×	×		〇	〇
D	×	×	×		〇
E	×	×	×	×	

② 試合の組み合わせをすべて書きましょう。

A-B	A-C	A-D
A-E	B-C	B-D
B-E	C-D	C-E
D-E		

③ 全部で何通りの組み合わせがありますか。
10 通り

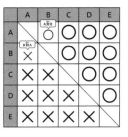

81

P.82

並べ方と組み合わせ方 (10)

	月	日	名前

● りんご，ぶどう，オレンジ，パイナップルの４種類のジュースがあります。
このうち，３種類を選んで箱に入れます。ジュースの組み合わせを調べましょう。

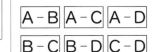

① 表を使って組み合わせを調べましょう。
（ りんご ➡ り　ぶどう ➡ ぶ
オレンジ ➡ オ　パイナップル ➡ パ ）

り	ぶ	オ	パ
〇	〇	〇	
〇	〇		〇
〇		〇	〇
	〇	〇	〇

りんごと ぶどうと オレンジの 組み合わせ

② ジュースの組み合わせをすべて書きましょう。

りんご と ぶどう と オレンジ
りんご と ぶどう とパイナップル
りんご と オレンジ とパイナップル
ぶどう と オレンジ とパイナップル

③ 全部で何通りの組み合わせがありますか。
4 通り

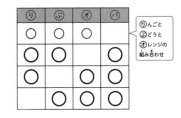← 同じ組み合わせがないかたしかめよう。

82

P.83

データの調べ方 (1)

	月	日	名前

● 下の表は，Ⓐさんの家とⒷさんの家で，今朝にわとりが産んだたまごの重さを記録したものです。

Ⓐさんの家のたまごの重さ (g)

① 42	② 45	③ 52	④ 36
⑤ 56	⑥ 47	⑦ 40	⑧ 50

Ⓑさんの家のたまごの重さ (g)

① 49	② 53	③ 44	④ 50
⑤ 52	⑥ 42	⑦ 46	

① それぞれの家の，いちばん重いたまごは何gですか。
Ⓐ **56g** 　Ⓑ **53g**

② それぞれの家の，いちばん軽いたまごは何gですか。
Ⓐ **36g** 　Ⓑ **42g**

③ それぞれの家の，たまごの重さの合計は何gですか。
Ⓐ **368g** 　Ⓑ **336g**

④ それぞれの家の，たまごの重さの平均は何gですか。平均値を求めましょう。
Ⓐ **46g** 　Ⓑ **48g**

平均値とは，すべてのデータの合計を求めて，データの個数でわった平均の値のことだね。

83

解答

児童に実施させる前に，必ず指導される方が問題を解いてください。本書の解答は，あくまでも1つの例です。指導される方の作られた解答をもとに，本書の解答例を参考に児童の多様な考えに寄り添って○つけをお願いします。

P.84

データの調べ方 (2)

月　日　　名前

● 下の表の④さんと⑧さんの家のたまごの重さが，それぞれどんなはんいにどのようにちらばっているか調べましょう。

① それぞれの家のたまごの重さを，（例）のようにドットプロットに表しましょう。

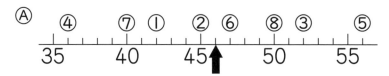

Ⓐ

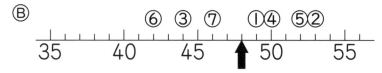

Ⓑ

② それぞれの家の平均の重さを表すところに↑をかきましょう。

P.85

データの調べ方 (3)

月　日　　名前

● 下の表は，Ⓒさんの家で今朝にわとりが産んだたまごの重さを記録したものです。

① たまごの重さをドットプロットに表しましょう。

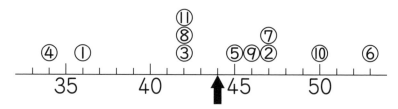

② 平均の重さを表すところに↑をかきましょう。

電たくで計算しよう　平均値 **44** g

③ データがいちばん多く集まっている最ひん値は何gのところですか。

最ひん値 **42** g

④ ちょうど真ん中になる中央値は何gのところですか。

中央値 **45** g

たまごは全部で11個だから，真ん中にあたるのは上からも下からも6番めの値だね。

P.86

データの調べ方 (4)

月　日　　名前

● 下のドットプロットを見て，たまごの重さのちらばりのようすを表に整理しましょう。

① それぞれの重さの区間（階級）に入る数を下の表（度数分布表）に書きましょう。

30以上35未満

30以上の数は30と30より大きい数のこと。
35未満の数は35より小さい数で35は入らないね。

重さ(g)	個数(個)
30以上 ～ 35未満	1
35 ～ 40	1
40 ～ 45	3
45 ～ 50	4
50 ～ 55	2
合計	11

② 40g未満のたまごは何個ありますか。

2 個

③ 45g以上のたまごは何個ありますか。

6 個

④ たまごの数がいちばん多い重さの区間（階級）はどこですか。

45 g以上 **50** g未満

P.87

データの調べ方 (5)

月　日　　名前

● 下の表は，1組と2組のソフトボール投げの記録を整理したものです。それぞれ右の柱状グラフに表しましょう。

ソフトボール投げ（1組）

記録(m)	人数(人)
15以上 ～ 20未満	3
20 ～ 25	2
25 ～ 30	4
30 ～ 35	5
35 ～ 40	4
40 ～ 45	2
合計	20

ソフトボール投げ（2組）

記録(m)	人数(人)
15以上 ～ 20未満	0
20 ～ 25	2
25 ～ 30	3
30 ～ 35	5
35 ～ 40	6
40 ～ 45	3
合計	19

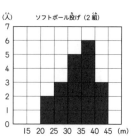

柱状グラフをヒストグラムともいうよ。

P.88

データの調べ方 (6)

		名 前	
月	日		

● 下の表は，6年1組の反復横とびの記録を整理したものです。下のヒストグラムに表しましょう。

反復横とび（1組）

記録（回）	人数（人）
30以上 ～ 35未満	4
35 ～ 40	2
40 ～ 45	6
45 ～ 50	4
50 ～ 55	4
合　計	20

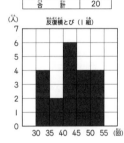

反復横とび（1組）

● 下のヒストグラムは，6年2組の反復横とびの記録を表したものです。

反復横とび（2組・19人）

① 人数がいちばん多い階級はどの階級ですか。

45 回以上 **50** 回未満

② 45回未満は何人ですか。

11 人

③ 中央値はどの階級にありますか。

40 回以上 **45** 回未満

88

P.89

データの調べ方 (7)

		名 前	
月	日		

● 下のヒストグラムは，Ⓐと Ⓑの畑でとれたトマトの重さをそれぞれ表したものです。

Ⓐの畑のトマトの重さ（15個）

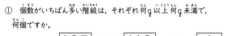

Ⓑの畑のトマトの重さ（18個）

① 個数がいちばん多い階級は，それぞれ何g以上何g未満で，何個ですか。

Ⓐ **105** g以上 **110** g未満で， **6** 個

Ⓑ **100** g以上 **105** g未満で， **6** 個

② ①で答えた個数の割合は，それぞれトマト全体の何％にあたりますか。（わり切れない場合は小数第三位を四捨五入しましょう。）

🐼 割合＝くらべられる量÷もとにする量
（トマト全体の個数）

Ⓐ 式 **6** ÷ **15** = **0.4** 答え **40** ％

Ⓑ 式 **6** ÷ **18** = **0.33** …約 **33** ％

89

111

喜楽研の支援教育シリーズ

ゆっくり ていねいに 学べる

算数教科書支援ワーク　6-②

2023 年 3 月 1 日　　第 1 刷発行

イ ラ ス ト ： 山口 亜耶 他
表紙イラスト： 鹿川 美佳
表紙デザイン： エガオデザイン
企画・編著： 原田 善造・あおい えむ・今井 はじめ・さくら りこ
　　　　　　 中田 こういち・なむら じゅん・ほしの ひかり・堀越 じゅん
　　　　　　 みやま りょう（他 4 名）
編 集 担 当 ： 桂　真紀

発 行 者 ： 岸本 なおこ
発 行 所 ： 喜楽研（わかる喜び学ぶ楽しさを創造する教育研究所：略称）
　　　　　　 〒604-0827　京都府京都市中京区高倉通二条下ル瓦町 543-1
　　　　　　 TEL　075-213-7701　FAX　075-213-7706
　　　　　　 HP　https://www.kirakuken.co.jp
印 　 刷 ： 創栄図書印刷株式会社

ISBN:978-4-86277-408-8

Printed in Japan

喜楽研 WEB サイト
書籍の最新情報（正誤表含む）は
喜楽研 WEB サイトをご覧下さい。

学校現場では，本書ワークシートをコピー・印刷して児童に配布できます。
学習する児童の実態にあわせて，拡大してお使い下さい。